Edition Königsblut

Das Buch

Markante Stories und lyrische Prosa in einer schwungvollen Sprache, die mitreißt und in Erinnerung bleibt.

Der Autor

Laabs Kowalski – Tiefstapler, Profi-Lügner, Teilzeitgenie. Freier Schriftsteller und Drehbuchautor. 1963 in Dortmund geboren, wohnhaft in Köln.

Laabs Kowalski

Wie ein Schmetterling auf dem Hintern einer lächelnden Frau

Edition Königsblut
Nagelschmiedgasse 9a
50827 Köln

Von Laabs Kowalski außerdem erschienen:

Banner der Venus (Roman)
Ich, Jesus, Scharlatan (Roman)
Taximann (Roman)
Laabs but not least... (Kolumnen & Satire)
Das Herz ist ein Cowboy auf einem epileptischen Pferd (Gedichte)
Jesus, John Lennon, all die anderen Verlierer und ich (Gedichte)
Meine Seele ist ein verlaustes Hotel (Stories)
So kriegt man alle Frauen rum (Comics & Satire)
Der merkwürdige Mann im Café (Stories)

Homepage: www.Laabskowalski.de

Edition Königsblut # 1

Gestaltung: Mathias Lück, Köln
Herstellung: Books on Demand GmbH
ISBN: 3-8311-3119-8

Inhalt:

Das Ende von Eden

Es war ein strahlender Tag im Garten Eden. Wie immer schwebte ein azurblauer Himmel über allem, Vögelein zirpten und tschilpten, Schmetterlinge durchtanzten fröhlich die Luft, und Adam – etwas gelangweilt vom fortwährenden Sex mit seiner Gemahlin – saß vor seiner Höhle und langweilte sich.

Er war auf der Suche nach einer alternativen Freizeitgestaltung und dachte angestrengt nach.

Wie von selbst geriet ihm beim Grübeln der Finger in die Nase – er hatte das Popeln erfunden, das ihm eine Zeitlang Abwechslung bot. Er konnte jetzt wählen, wenn er irgend etwas tun wollte: Popeln oder Pimpern.

Aber die Ressourcen seiner Nase, so stellte Adam bald fest, waren begrenzt. Weil es ausnahmsweise einmal zu regnen begann, kroch er in die Höhle, dachte nach und erfand kurz darauf das Furzen in geschlossenen Räumen. Weil Eva sich beschwerte über den Gestank, war es wesentlich attraktiver als Popeln und Pimpern. Leider waren auch hier seine Ressourcen begrenzt.

Adam hockte erneut lustlos vor seiner Höhle und langweilte sich. „Scheiße!“ murmelte er. „Das soll das Paradies sein? Der alte Spinner von Jahwe hat sie ja nicht alle.“

Und damit hatte Adam recht. Denn Sex im Garten Eden konnte recht eintönig sein. Nicht einmal der Blowjob war in jenen Zeiten bekannt, und bis zur Erfindung der Reizwäsche sollten noch einige hunderttausend Jahre vergehen.

Adam vor seiner Höhle fluchte zurecht.

Sein Fluchen war noch nicht richtig verklungen, da meldete sich die Stimme von Gott.

„ADAM, WARUM FLUCHEST DU?“

„Weil mir langweilig ist, Blödmann! Man müßte mal hingehen und eine Mängelliste für deinen Garten Eden erstellen.“

„HAST DU NICHT NAHRUNG UND HABE ICH DIR NICHT EIN WEIB AN DIE SEITE GESTELLT, DAMIT ES DIR GUTGEHT?“

„Ja, hast du, verdammt!“

„WARUM ALSO GEHST DU NICHT ZU IHM UND BESPRINGEST ES, WIE ES SICH FROMMT?“

„Weil es öde und langweilig ist“, gab Adam zur Antwort.

„FRÜHER HAST DU DARAN GROSSE FREUDE GEHABT, WENN ICH NICHT IRRE – WAS ICH NIE TUE, SCHLIESSLICH BIN ICH JA GOTT!“

„Würd' ich so nicht sagen mit dem nie irren. Was ist das für ein Paradies, in dem man nicht mal einen Dreier schieben kann, geschweige denn eine Swinger-Party organisieren?"

Gott war zwar nicht sonderlich entzückt über Adams Hoffärtigkeit und über sein Klagen, aber der Kerl hatte einfach die besseren Argumente, wie's schien. Gott setzte sich also hin und grübelte nach. Schon bald, nämlich zehntausend Jahre später – was damals nicht besonders viel Zeit war – hatte Gott eine Idee und rief nach seinen Geschöpfen.

„ADAM! EVA! ICH HABE EINE IDEE!"

„Ach ja?" erwiderte Adam. „Was ist es denn diesmal? Hast du vor, wieder irgend so eine bescheuerte Tierart zu erschaffen wie diese verdammten Flugsaurier?"

„WIESO? WAS IST MIT DENEN?" wollte Gott wissen.

„Das kann auch nur einer fragen, dem so ein Vieh noch nie auf den Kopf geschissen hat! Ehrlich, Junge, vom Leben hier unten hast Du nicht die leiseste Ahnung!"

Als Gott sah, wie wütend Adam war, schwieg er einige Zeit lang still, dann antwortete er: „OKAY, ICH WERDE ALLE SAURIERARTEN AUSSTERBEN LASSEN, DAMIT IHR SEHT, ICH MEINE ES GUT MIT EUCH BEIDEN."

„Ach, nee", konterte Adam gereizt. „Und wie willst Du das machen? Ist ja nun nicht so, als hättest Du Peilung von dem, was Du tust. Komm nicht auf den blöden Einfall, einen Meteoriten auf die Erde knallen zu lassen – da mach' ich nicht mit, das sag' ich Dir gleich."

Der alte Jahwe war allmählich verärgert. Aber Adam hatte seine Eitelkeit geweckt, darum antwortete Gott seinem Geschöpf. Natürlich hätte er Adam auch ganz einfach auslöschen können, aber das wäre das Eingeständnis gewesen, etwas geschaffen zu haben, das im Grunde nichts taugte. Daher schreckte Gott vor dieser Möglichkeit immer wieder zurück. Seiner Position Adam gegenüber war dieser Umstand nicht unbedingt dienlich.

Gott also antwortete: „ICH WERDE DIR SAGEN, WIE ICH DIE SAURIER AUSSTERBEN LASSE: ICH WERDE SIE SO GROSS UND SCHWER WERDEN LASSEN, DASS SIE DURCH IHR ÜBERGROSSES GEWICHT VON DER ROTATIONSKRAFT DER ERDE AN DIE POLE GEDRÄNGT WERDEN. UND DORT ERFRIEREN SIE DANN!"

Gott war sehr stolz auf diese Idee, aber Adam antwortete; „Junge, Junge! Von Physik und so hast Du wohl überhaupt keinen Plan."

Damit hatte Adam eine schwache Stelle bei Jahwe getroffen. Von Physik verstand Gott tatsächlich nur Bahnhof. Ein Problem, daß heute viele Physiker in den Wahnsinn zu treiben droht, weil es ihr Job ist, Schwarze Löcher,

Anti-Materie, den Urknall und den ganzen anderen Mist zu erklären und die Prinzipien der großen Naturgesetze offenzulegen. Aber es gibt keine Prinzipien, keine komplexe und geheime Ordnung. Adam könnte ihnen erklären warum, könnte ihnen ein paar Stories erzählen über diesen Gott und wie er sich alles sinnlos zusammengeschustert hat wie einer, der zwei linke Hände besitzt.

Adam hockte jedenfalls noch immer vor seiner Höhle und schnitt Gott eine Grimasse. „Du Loser!“ rief er in den Him-mel hinauf.

„TJA, DAS NENNT MAN WOHL GENERATIONSKONFLIKT“, dachte Gott und schmollte ein wenig. Adam ging ihm heute noch stärker als sonst auf die Nerven. Wenn er ihn nur irgendwie ruhig stellen könnte.

„Also, Meister, was ist jetzt?“ rief Adam von unten hinauf. „Mir ist immer noch langweilig. Ich werde jetzt mal kurz Eva bespringen und wenn ich fertig bin, hast Du Dir gefälligst etwas einfallen lassen, hast Du gehört?“

Gott kochte vor Wut. Dann jedoch sah er Adam und Eva eine Weile zu, wie sie es trieben, und wurde etwas entspannter.

Als Adam gekommen war, träge und langsam wie ein Brontosauriermännchen, schälte er sich herunter von seinem Weib, stellte sich vor die Höhle und kratzte sich streitbar am Sack.

„He, Jahwe! Zeit ist um!" rief er zum Himmel hinauf.

„KOMMT MIT!" ertönte Gottes Stimme, und so wie sie klang, mußte er tatsächlich etwas auf der Pfanne haben, das etwas Besonderes war.

Gott führte die beiden zu einem Hain, in dem wuchsen allerlei Pflanzen. Und Gott sprach zu Adam und Eva: „DIE BLÄTTER UND BLÜTEN ALLER PFLANZEN, DIE IHR HIER SEHT, DÜRFT IHR TROCKNEN UND RAUCHEN. NUR VON DER HIER, DEREN NAMEN CANNABIS IST, LASST IHR DIE FINGER. SIE IST EUCH BEI STRAFE VERBOTEN!"

Und er ließ Adam und Eva im Hain mit den Pflanzen zurück.

Kaum war Gott fort, hatte nun Adam nichts Eiligeres zu tun, als sich umgehend an der Cannabispflanze zu vergreifen und ihre Blätter und Blüten zu trocknen.

„Wahrscheinlich will der Alte wieder mal das Beste für sich selber behalten. Aber nicht mit mir!" schimpfte Adam, rollte die Blätter zusammen und steckte sie in Brand.

Gott beobachtete Adam dabei und lachte in sich hinein. Es lief genauso, wie er es sich vorgestellt hatte: Adam und Eva kifften wie die Weltmeister, kriegten glasige Augen und fielen ins Gras.

Endlich hielt Adam die Fresse, Gott war am Ziel. Zwar hörte er Adam manchmal noch rufen: „Oh, Mann, bin ich high!“ und Eva kicherte grundlos und etwas zuviel, aber im Vergleich zu früher herrschte im Garten Eden eine geradezu paradiesische Stille.

Womit Gott nicht rechnete, war der Umstand, daß das Gras Adams Gehirntätigkeiten auf Abwege trieb. Aber – es war ihm egal.

Wie schon erzählt, hielt sich Adam für einen großen Erfinder. Und mit bekifften Schädel wurde es noch schlimmer bei ihm.

In loser Folge erfand er nun lauter verabscheuungswürdige oder einfach nur sinnlose Dinge: den Bnur, das Pnor, den Wrob und den doppelseitigen Bnar, das Fnol, den Wrutbo, das Glug und den abwaschbaren Fnak mit integrierter Innenbeleuchtung.

Zum Glück hat sich außer dem Popeln und dem Furzen in bewohnten Räumen keine seiner Erfindungen wirklich durchsetzen können.

„Kabelfernsehen, Sprühkäse, Birkenstockschuhe, die unbezahlte Überstunde und das Wahlrecht für Frauen sollte ich jetzt auch mal erfinden“, murmelte Adam und zog an einem riesigen Joint, wobei er den Gedanken an seine großartigen Erfindungen sofort wieder vergaß.

Und das war gut so.

Doch dann kam der ganze Mist Hunderttausende von Jahren später anderen Typen noch mal in den Sinn, und die waren richtig schwer auf Drogen, sonst hätten sie ihre Ideen nicht in die Tat umgesetzt ist.

Das Afri-Cola-Jahrzehnt

Wirklich seltsam sind sie gewesen – die siebziger Jahre des vergangenen Jahrtausends. Vom Schicksal betrogen diejenigen, die sie nur noch vom Hörensagen und von Bildern her kennen. Denn wie sie in Wirklichkeit waren, läßt sich kaum noch vermitteln. Jahrgang `63, verbrachte ich meine Kindheit und Jugend in ihnen, vielleicht wirken sie nur deshalb so unglaublich faszinierend auf mich.

Wie auch immer – die Siebziger währten zwölf Jahre. Sie begannen 1969, um erst 1980 zu enden. Sie starteten damit, daß ich in den Schulpausen – ich ging in die zweite Klasse – auf die Hintern miniberockter Mädchen der benachbarten Hauptschule starrte. Unter den Rocksäumen lugten weiße Schlüpfer hervor, die unter hautfarbenen Strumpfhosen blitzten. Es wirkte, als wären die Mädchen aus ihren Röcken herausgewachsen, so wie die ganze Gesellschaft aus den Kleidern ihrer Vergangenheit herausgewachsen war, um sich nun kindlich und naiv allem zuzuwenden, wenn es nur bunt, neuartig und irrational war. Ich wuchs auf in einem Meer schreiender Farben. Ebenso war das Design aus den Fugen geraten, entwickelte ein durchgeknalltes Eigenleben und wartete mit Formgebungen auf, die uns heute verblüffen. Was war los mit den Menschen jener Dekade, die optisch in der Ästhetik ihres Alltags verschwanden, in irrsinnig gemusterten Polyester-Pullovern vor gelbvioletten Tapetenmonstern für Fotos posierten und sich dabei in debakeligen Farbkontrasten verloren? Es war, als hätte sich die gesamte Menschheit willentlich in eine Sphäre versetzt, in der die Regeln des guten Geschmacks keine Gültigkeit hatten.

Musikalisch begannen die Siebziger mit George Harrison und den Les Humphries Singers, und sie endeten, als *Video Kills The Radio Star* von den Buggles erschien. Und was lag nicht alles dazwischen! So ästhetisch fehlgeleitet dieses Jahrzehnt heute auch anmuten mag, es brachte einen kreativen Output hervor, der einfach atemnehmend war. Von Möbeln über Süßigkeiten bis zur Fernsehsendung *Starparade* mit dem Moderator Rainer Holbe setzte es Akzente, die unaufhörlich einen Overkill aus explodierter Schrillheit und affektiertem Karneval postulierten. Es gab orangefarbene Kugelfernseher, die technisch betrachtet noch dem Pleistozän angehörten, *Caramac*-Riegel, die aus gelber, synthetisch schmeckender Schokolade bestanden, Bonanza-Fahrräder und Sven Weidkowiak aus der 8b, der es für den Inbegriff von Coolness hielt, *Krone* zu rauchen. In den Hitparaden tummelten sich tuntige Freaks wie Marc Bolan, Gary Glitter, The Osmonds, David Cassidy und später Leif Garrett. Gymnasiasten hörten musikarmen Kraut- oder Prog-Rock von Kraan, Genesis, Colosseum, Nektar und Can. Es gab ein Rock`n`Roll-Revival, der Pub-Rock erlebte eine kurze Blütezeit, der Disco-Sound eroberte und veränderte die Jugend der Welt, Reggae wurde populär, und nebenher gab es eine Fülle alt- und neumodischer Vielfalt, die jeden Grad der Überschaubarkeit schroff hinter sich ließ – während im Fernsehen Sendungen, Serien und Vierteiler liefen, wie sie entweder nie seltsamer oder nie entzückender waren: *Der Seewolf, Zwei Jahre Ferien, MS Fransziska, Klimbim, Musik ist Trumpf, Dalli Dalli* und *Am laufenden Band.* Die Trimm-Dich-Bewegung schwor ein bundesweites Sportbetätigungsfieber herauf, Tampax-Tage spürt man nicht, krakeelte die Werbung, und aus dem Radio krähte uns Loriot als Wum mit *Ich wünsch' mir eine kleine Miezekatze* entgegen. Alles war möglich, alles war in Bewegung, alles löste sich auf und setzte sich neu und noch durchgeknallter wieder zusammen. Die erste Hälfte der Siebziger ging dafür drauf, die Folgen der Sechziger zu kompensieren, die zweite Hälfte verbrachte man damit, zu rätseln, was wohl die Achtziger brächten.

Derweil war die Stimmung im Lande vor allem politisch geprägt: Radikalenerlaß, RAF und deutscher Herbst, feministische Attacken, Bürgeriniativen und Franz-Josef Strauß, FDAJ und DKP und später die Bunte Liste, aus der die Grünen hervorgehen sollten. Und irgendwo dazwischen ich, vierzehnjährig und voller verdrießlich machender Träume, Schüler einer Realschule für Jungen, in der man in Zweierreihen geordnet vor den Klassenräumen Aufstellung nehmen mußte, die Lehrer Alkoholiker waren oder von den Erlebnissen im Krieg ramponiert und die Lehrerinnen Hotpants und Mini-Röcke trugen, ohne zu wissen, was sie bei uns Pubertierenden damit anrichteten. Aber nicht Frau Massin, die Englischlehrerin, die schwarze BHs unter ihren weißen Blusen trug, war die heißeste Braut unter der Sonne, sondern Agnetha von ABBA, die unsere ungestalt schlüpfrigen Phantasien demokratisierte und uns alle – welcher Herkunft und welchen Alters auch immer – gleich werden ließ. Zwei Jahre später wurde sie von Farrah Fawcett abgelöst, die in der Fernsehserie *Drei Engel für Charlie* einmal nur mit einem Handtuch bekleidet zu sehen war, womit sie die Gesamtheit aller männlichen Deutschen zwischen zwölf und siebzig Jahren in die Raserei zu treiben drohte. Sie besaß eindeutig mehr Sexappeal als der Ro80 von Audi, die Dalli-Dalli-Tonorgel und Ingrid Steeger zusammen. Und daß, obwohl die Steeger in der *Himmlischen Töchter*-Folge *Ein Stier aus Pamplona* besagten Stier mit einem Striptease aus seiner Frachtkiste herauslockte und Fernsehdeutschland beim Anblick ihrer nackten, perfekt geformten Brüste kollektiv aufschreien bzw. aufseufzen ließ.

Doch kommen wir noch einmal zur Musik zurück. Auch sie ließ uns aufschreien – im guten wie im schlechten Sinne. Viele Genies, die in den Sechzigern schüchtern und noch unausgegoren auf der Bildfläche erschienen waren, erreichten nun ihren Zenit und warteten mit Meisterwerken auf, die bis heute unerreicht sind. David Bowie beispielsweise oder Pink Floyd, die zwar im Grunde verabscheuungswürdig waren, mit der LP *Wish You Were Here* jedoch den ultimativen Soundtrack zur Dekade vorlegen konnten.

Frank Zappa entfaltete sein volles Talent, Meat Loaf toste herum, und die Sex Pistols bewiesen der Welt zum allerletzten Mal, wie es schien: Pop zementiert den Generationenkonflikt oder stirbt. Gleichzeitig aber verwässerte die Musik und bereitete sich auf ihren Einsatz als Hintergrundsgedudel in Supermärkten und Fahrstühlen vor. Der Schmock machte sich breit und wartete mit süßlich-klebrigem Pseudo-Pop auf, wie er in dieser Fülle zuvor unbekannt war. Schlimmstes Beispiel: Das Frauenduo Baccara mit *Yes Sir, I Can Boogie*. Und der italienische Herrenzweier Oliver Onions schuf mit *Orzowei* einen Song, der gute Aussichten hat, dereinst den Titel „Unerträglichstes musikalisches Machwerk aller Zeiten" zu erringen. Beliebt und dennoch unerträglich: die Songs *Dreamer* und *School* von Supertramp sowie das komplette Schaffen des Electric Light Orchesters. Beiden Bands gebürt das Verdienst, mir regelmäßig das samstägliche Hören der *WDR Schlagerrallye* verdorben zu haben. Aber vergeben und vergessen, denn gerechterweise muß hinzugefügt werden, daß ein Großteil des musikalischen Unrats, den die Siebziger ausspien, zum Zeitpunkt des Erscheinens etwas Magisches und Großes besaß. Dasselbe Phänomen, das bewirkte, dunkelbraun gestrichene Rauhfasertapeten in Verbindung mit grün lackierten Türrahmen für das Nonplusultra progressiver Raumgestaltung zu halten, trieb auch in der Musik die absonderlichsten Blüten. Schreckliches wirkte wie die ultimative Offenbarung kompositorischer Genialität. Nur so ist es zu erklären, daß *Mull Of Kintyre* von den Wings eine der meistverkauftesten Singles aller Zeiten werden konnte, während es zur selben Zeit bereits *Anarchy In The U.K.* von den Sex Pistols gab. Und nur so ist auch zu erklären, daß Musiksendungen wie die *Plattenküche* oder der *Musikladen* derart breite Akzeptanz finden konnten.

Kein Zweifel, die Menschen verhielten sich seltsam. Noch seltsamer, als sie es aufgrund ihres Menschseins immer schon taten. Jugendliche etwa lebten in der ständigen Furcht, auf dem Schulhof mit einer als uncool gebrandmarkten Platte unter dem Arm erwischt zu werden, ein Delikt, welches unweigerlich den Ausschluß aus der Gruppe nach sich zog. Um dem zu entgehen, schleppte ich während meiner Schulzeit Unerträglichkeiten von Amon Düül 2 oder Ash Ra Temple mit mir herum, favorisierte zu Hause beim Besenstielgitarrespielen dagegen jedoch eindeutig den schlichten Sound von Status Quo. Er ging mir irgendwie näher und entschädigte mich dafür, die Nachmittage unter Gruppenzwang im Partykeller der Eltern von Oliver Behrend verbringen zu müssen, um in großer Runde überfrachteten Pseudo-Kantaten semi-intellektueller Artrock-Scharlatane zu lauschen. Aber mich vor den anderen öffentlich zu meiner Vorliebe für Schlichtrock bekennen? Niemals! Ich wäre sozial gesehen erledigt gewesen. Also nahm ich an endlosen Diskutierrunden teil, in denen man darüber debattierte, wer der bessere Gitarrist sei (Jimmy Page oder Carlos Santana), der bessere Bassist (Stanley Clarke oder Jack Bruce), wer die künstlerisch höherwertige Band (Emerson, Lake & Palmer oder Pink Floyd). Musik, die Spaß machte, war über weite Abschnitte der siebziger Jahre verpönt. Pop war nicht aus den Fugen, sondern in die Fugen geraten, und jeder Polydebile, der eine Gitarre halten oder ein Keyboard einschalten konnte, legte es mit geradezu impertinenter Bösartigkeit darauf an, der Welt zu beweisen, daß er imstande sei, Werke zu schaffen, die mit den Sinfonien Beethovens, Händels oder Bachs mühelos schritthalten könnten. Statt fetziger, rhythmusgeladener Singles stapelten sich plötzlich massenhaft Dreier-Alben in meinem Zimmer, Platten, die man nur in abgedunkelten Räumen und schweigend abspielen durfte. Und wer wie ich mit fünfzehn Jahren eine Band wie The Sweet immer noch gut fand, hatte höchstens noch unter Hauptschülern Freunde.

Dann kam der Punk und fegte alles Phlegma beiseite – guter, altmodischer Krach, unzulänglich und schlicht, ein famoser Etikettenschwindel, und abermals sperrten wir staunend den Mund auf, abermals wirkte es wie eine Offenbarung auf uns. Wehe nun, man wurde mit einer Platte der Götter von gestern ertappt. Die Siebziger schnappten ein letztes Mal über, gaben sich ein letztes Mal hysterisch und grell. Etwas Neuartiges spähte keck um die Ecke und raunte: Ab jetzt kann jeder ein Star sein, nur keine Scheu! Wenn es ein Kerl wie Ian Dury geschafft hat, schaffst es auch du!

Kurze Zeit später hatte ich meine erste eigene Band, und die achtziger Jahre hatten begonnen. Musik wurde ein Koma-Patient, von dem nicht mal die Experten zu sagen vermochten, ob er überhaupt je wieder aufwachen würde. Bands wie *The Cure* und *The Smiths* tauchten auf, und wir, die wir uns schlicht *The Sea* getauft hatten, eiferten den neuen Langeweilern nach. Die ultimative Farbe war Schwarz, und die Gruppen gewöhnten sich bei ihren Auftritten an, das Publikum zu ignorieren, wie sich die Zuhörer ihrerseits darin gefielen, die Bands während der Konzerte nicht mehr zur Kenntnis zu nehmen, selbst wenn sie Eintritt bezahlten. Alles war nun gestelzt, düster und elend, aber die Alternative war, *Alphaville* oder *Modern Talking* zu hören. Und Letztere schufen einen Riß, welcher quer durch die deutsche Jugend verlief. Kneipen warben damit, *Modern Talking*-freie Zonen zu sein.

Ich stieg aus bei *The Sea*, um mich ein paar dilettantischen Bluesmusikern zuzuwenden, denen ich in einem Anfall von übergeschnappter Kreativität den Namen *The Blow Up Motorjesus* verpaßte. So lausig wir als Combo auch waren, so groß war der Spaß. Und etwas Fun abzukriegen, war ziemlich selten in den achtziger Jahren, in denen es en vogue war, dunkel klingenden Scharlatanen wie den *Sisters of Mercy* zu huldigen, und Lächeln verpönt. Ständig jaulten aus den Boxen in den unter- oder überbeleuchteten Discotheken kleine, depressive, heulsusige Barden davon, wie sexy es wäre, Suizid zu begehen, brachten aber dennoch Platte auf Platte heraus. Wir von *Motorjesus* stießen also in eine echte Marktlücke vor. Das Publikum bekam eine Vorstellung davon, wie es war, dem eigenen Leben etwas Freude abzugewinnen, ohne daß man dafür sogleich vor Gericht gezerrt wurde. Nicht lange, und es gab Zwischenapplaus, wenn unserem Gitarristen Kaminski beim Solospielen vor lauter Nervosität die dickglasige Brille beschlug. Wo sonst gab es schon derart viel Nicht-Coolness zu sehen? Höchstens in den Neunzigern, als plötzlich Grunge-Rock angesagt war und alle Musiker aussahen, wie es ihnen Kaminski vorgemacht hatte.

Schuhe

Schuhe kosten Geld, und das machte sie zu einem ernsten Problem, denn Geld war etwas, das sich für unsere Familie hauptsächlich durch seine Abwesenheit definierte. Lange Zeit war ich zum Beispiel des Glaubens, Hartmut sei ein enger Verwandter. Ich wußte noch nicht, daß er Gerichtsvollzieher war. Als einmal der Strom abgestellt worden war und unsere Mutter das Mittagessen nicht zubereiten konnte, rief sie bei den Stadtwerken an und protestierte. Ohne Strom könne sie ihr Dialysegerät nicht starten, beschwerte sie sich. Eine Viertelstunde später klingelte es, und ein Mitarbeiter der Stadtwerke schaltete den Strom wieder an, obwohl Mutters Niere intakt war und sie natürlich gar kein Dialysegerät besaß. Alle hatten wir gelernt, mit dem Mangel zu leben.

Meine persönliche Katastrophe nahm ihren Anfang, als ein Mitschüler es für spaßig befand, mir meinen Schuh vom rechten Fuß zu ziehen und ihn über eine hohe Mauer zu schleudern. Er war wesentlich älter und größer als ich, und ich kehrte mit einem blauen Auge und nur einem Schuh von der Schule nach Hause zurück. Anderntags wartete Onkel Catcher vor der Schule auf mich. Ich zeigte ihm den Schuhdieb, und mein Onkel sah zu, wie ich ihn gehörig verbleute. Aber ich fühlte mich nicht erleichtert dadurch, denn weil kein Geld für ein neues Paar Schuhe vorhanden war, trug ich nun die Schuhe meiner Mutter, die zu dieser Zeit in etwa dieselbe Schuhgröße hatte wie ich. Sie wartete zu Hause bereits auf meine Heimkehr, damit sie endlich einkaufen gehen konnte. Die Schuhe waren ihr einziges Paar. Unser Vater hatte zwar noch am

Abend zuvor versucht, das Geld für ein neues Paar Schuhe beim Kartenspielen zu gewinnen, aber leider verloren.

Als ich am nächsten Tag erneut in den Schuhen meiner Mutter in die Schule kam, regnete es denselben Spott wie schon am Vortag auf mich herab. Fest und steif behauptete ich, die Schuhe seien Männerschuhe. Aber natürlich waren meine Mitschüler nicht blöd und nannten mich Tunte. Ich fühlte mich in meiner Ehre gekränkt und knallte zweien von ihnen meine Faust ins Gesicht, woraufhin der auf dem Schulhof aufsichtführende Lehrer erschien und mich zum Direktor abkommandierte. Von ihm befragt, warum ich blindlings auf meine Mitschüler losgegangen sei, starrte ich wortlos auf meine Füße, doch Dr. Gröblinghoff verstand den Hinweis nicht. Statt dessen schrieb er meinen Eltern einen Brief, der sie zur Schule bestellte. Damit entstand ein neues Problem. Da unsere Mutter und ich uns ihre Schuhe teilten, konnte ja nur einer von uns beiden beim Direktor vorstellig werden. Also übertrug Mutter die Sache unserem Vater, der sich einen halben Tag freinehmen mußte, wovon er nicht begeistert war.

Dr. Gröblinghoff war ein machtgewohnter, jähzorniger Mann, der auf der Stelle zu schreien begann, als Vater und ich sein Zimmer betraten. Und das war mein Glück, denn mein Vater brach ihm mit einem Faustschlag die Nase. Dazu erklärte er: „Was veranstalten Sie hier für ein dummes Theater? Meine Kinder sind keine Schläger, genausowenig wie ich!"

Für den Schuldirektor klang dies nicht ganz überzeugend. Dr. Gröblinghoff hatte bis zu diesem Zeitpunkt nur unzulängliche Erfahrungen mit einer Kommunikationsform gemacht, die anstelle des Mediums Sprache auf physische Verständigung setzte. Dummerweise verstieg er sich dazu, meinem Vater mit einer Strafanzeige zu drohen, weshalb Vater mit seinen Brüdern Kontakt aufnehmen mußte, die Dr. Gröblinghoff zu Hause einen Besuch abstatteten. Noch auf dem Krankenbett zog der Direktor seine Anzeige zurück. Das Schuhproblem war damit leider nicht gelöst.

Für das erste bekam ich ein Paar von Onkel Catcher zugeteilt, dessen Schuhgröße der meinen am nähesten kam. Mutter stopfte vorne Papier rein, damit mein Fuß besseren Halt fand; optimal war diese Lösung jedoch nicht. Man schrieb das Jahr 1975, und Onkel Catchers Schuhe warteten mit Plateau-Sohlen und zwölf Zentimeter hohen Absätzen auf, was mir beim Laufen das Gefühl vermittelte, auf Stelzen zu gehen.

Von nun an wurde ich zwar von meinen Mitschülern geachtet, bei denen Plateau-Schuhe aus Gründen der Coolness in der Gunst ganz oben standen, benötigte jedoch für den Schulweg die dreifache Zeit. Da entdeckte ich durch Zufall, daß Onkel Catcher unter seinem französischen Bett eine ansehnliche Pornosammlung verwahrte. Heimlich steckte ich zehn Hefte ein und beschloß, sie in klingelnde Münze zu verwandeln.

Die Magazine schlugen unter meinen Mitschülern ein wie eine Bombe. Ich war klug genug, sie nicht einfach heftweise unter meine jugendliche Kundschaft zu bringen, sondern verkaufte immer nur einzelne Seiten. Schon drei Tage später war ich in der Lage, mir von meinen Einnahmen meine neuen Schuhe selbst zu finanzieren. Aber mit meinem einträglichen Geschäft hörte ich darum keineswegs auf, sondern schaffte munter weitere Hefte aus der Sammlung meines Onkels herbei. Nach Maßstäben eines Zwölfjährigen war ich bald unermeßlich reich und rangierte in der Hierarchie meiner Klasse weit oben. Bis zu dem Tag, als Herr Matteshausen einige Pornos unter meiner Tischbank entdeckte und die Hefte konfiszierte. Er trug mir einen Tadel ins Klassenbuch ein und verständigte brieflich meine Eltern. Statt ihrer erschien Onkel Catcher zu dem Gespräch und forderte von Herrn Matteshausen sein Eigentum zurück. Der jedoch erwiderte, er habe die ekelerregenden Hefte verbrannt, und war erst bereit, Onkel Catcher den entstandenen Schaden zu ersetzen, als dieser ihn bereits einige Zeit im Würgegriff hatte.

Draußen vor der Schule verpaßte mir mein Onkel eine gewaltige Kopfnuß: „Maikel, laß meine Hefte in Zukunft in Ruhe! Ich hoffe, wir ham uns verstanden." Dann bot er mir eine Roth Händle ohne Filter an und lud mich zum Flipperspielen ein. Ich aber hatte meine Einnahmequelle verloren. Es dauerte fast zwei Monate, ehe mir aufging, daß sich auch Onkel Bernhards Plattensammlung zu Geld machen ließ.

Eine einfache Story

Der Kerl da, der sich gerade aus dem Supermarkt schleppt, Frau und Kind an seiner Seite, und jetzt marschieren sie auf ihr geleastes Familienauto zu, und sie sehen so verdammt normal aus, und keiner würde ihnen irgend etwas nachsagen wollen. Könnt ihr ihn sehen? Könnt ihr es euch ausmalen, sein verpopeltes Leben, in all seinen winzigen, miesen Details?

Ist nie ein großer Gewinner gewesen, der Typ. Jetzt verstaut er die Einkäufe im Heck seines Wagens und sagt seinem Sproß: „Hör auf, deine Mutter zu nerven!" Dabei ist er selber genervt.

Hat er sich früher auch mal anders gedacht, könnt ihr drauf wetten. Hatte sein Abitur in der Tasche, sah ganz passabel aus und hegte anständige, realistische Träume – davon, wie sein Leben später mal aussehen soll. Ist aber noch nicht so weit, sich einzugestehen, daß er es selber vermurkst hat, weil er an irgendeiner verdammten Weggabelung ganz einfach die Orientierung verlor.

Wurde sechsundzwanzig und Vater. Heißa, ein Wunschkind ist der Kleine gewesen. Bis die Tristesse einzog in die Beziehung, denn he! – der Arsch seines Sidekicks war ihm zur Gewohnheit geworden und wirkte so verlockend wie ein Videoband, das man sich zum hundertsten Mal ansehen muß. Kein Bock drauf, ehrlich, also mußte `ne Abwechslung her.

Und so marschierte er, wenn er es gar nicht mehr aushalten konnte, in einen Sexclub, obwohl es für seine Finanzen nicht gut war. Aber frische Ärsche immerhin, die fand er in dem Laden zuhauf, war sozusagen gar nicht mal falsch, sein Gedanke, sich dann und wann `ne kleine Auszeit zu nehmen.

Eines Tages dann entdeckte Carola, sein Weib, daß das Konto schwer und böse in den roten Zahlen stand. Er kam nicht mehr raus aus der Nummer und beichtete ihr. Naja, sie ist trotzdem bei ihm geblieben. Was hätte sie auch tun sollen, ein austauschbares Wesen wie sie, mit einem Horizont, der maximal bis zur nächsten Feier bei den Schwiegereltern reichte?

Klar, war sie nicht gerade beglückt, als ihr kleiner Thomas erzählte, daß er klammheimlich andere Schicksen bestieg und auch noch Geld dafür hinblätterte. Aber: Vielleicht liegt es ja wirklich an mir, sagte sie sich. Und obwohl die Kohle jetzt knapp war, weil zunächst das überzogene Konto wieder hochgepäppelt werden mußte, zweigte sie was vom Haushaltsgeld ab, um sich High Heels und Strümpfe zu kaufen. Der gute Wille war also da, und das war schon mehr als das, womit ihr kleiner Thomas aufwarten konnte. Trotzdem: Strümpfe und High Heels sind nur halbe Insignien. Zieh einem Schimpansen ein Kleid an – er bleibt trotzdem ein Affe.

Oh, war ich zu böse? Bin ich zu sarkastisch für euch? Sorry! Ging gar nicht mal gegen Carola. Wollte nur sagen: Sie war eben langweilig, obwohl sie Momente hatte, in denen sie wild und großartig war. Aber so pervers und einfallsreich, daß ihre Männer sich nicht andere erträumen, können Frauen einfach nicht sein, und im Falle von Thomas lief es darauf hinaus, daß er ihre Absichten natürlich durchschaute. Und damit kamen die Schuldgefühle wieder hoch und standen ihm wie Kotze im Hals. Wenn sie einen Mann wie ihn, einen Versager, zu halten versuchte, war sie dann nicht noch weniger wert als er selbst? Wenn Carola also im vollständigen Erotik-Ornat für ihn posierte, wurde er wütend auf sich und auf sie, weil es ihn an die eigene Kleinheit erinnerte. Und dieses Gefühl schluckt keiner so runter, als wär' nichts geschehen. Wenn es erst einmal da ist, dann gute Nacht, liebe Freunde, dann hat es die Heiterkeit schwer.

Aber für eine Weile schien es zu funktionieren. In seiner Wut riß und zerrte unser Thomas an seiner Carola herum, und wenn sie es anfangs nur erduldete, so gefiel es ihr später, weil es wild zu sein schien (was es nicht war) und ihr das Gefühl gab, hemmungslos zu sein und über die Ufer zu treten. Nicht zuletzt brodelte da etwas in ihr, das Gefallen fand an der Unterwerfung im Bett. Oh ja, es törnte sie an. Nicht immer, denn manchmal war er zu grob. Doch immerhin, es setzte ihre Phantasien in Gang.

Bis ihm das Spiel abermals langweilig wurde. Es war halt immer noch der altbekannte Arsch in den immerselben, wiederkehrenden Dessous und High Heels. Jemineh! Wenn er in der Firma im Internet auf die Pornoseiten klickte, kriegte er ganz andere Sachen zu sehen.

Er hatte Glück, oder auch nicht, das hängt ab vom jeweiligen Standpunkt. Eine Kollegin, älter als er, fing an, freundlich zu ihm zu sein, ihm Verständnis entgegenzubringen, und ab und zu ließ sie sogar etwas Bein aufblitzen für ihn. Sie war keine Schönheit, aber sie hatte einen Bonus, einen Trumpf, der war ziemlich unschlagbar: Sie war etwas Neues in seinem Leben. Und: Er mußte kein Geld hinlegen für sie.

Wär' da bloß nicht sein Gewissen gewesen und die heimliche Erkenntnis, ein Verlierer zu sein. Carola hatte wieder zu jobben begonnen, irgendwie mußten die Schulden, die er mit den Clubbesuchen angehäuft hatte, ja weg. So gebärderte er sich im Bett mit Jutta, der Kollegin, nun wirklich wie toll und knallte sie durch, als hätte er vor, sie zutode zu vögeln. Er hatte wirklich einiges zu kompensieren, der Junge, und Jutta – fand es einfach nur scharf. Anders als Carola machte sie keinen Aufstand, als er anfing, sie in den Hintern zu pimpern. Der kleine Thomas hatte da eine, die zumindest in den Laken absolut willenlos schien. Nur die arme Carola – sie hatte schon wieder an Punkten verloren.

Eine Weile lang lief alles ganz gut. Er arrangierte sich mit seiner Situation. Denn hey – welcher profilierte Loser durfte von sich schon behaupten, daß er zwei Weiber gleichzeitig hatte?

Plötzlich jedoch begann die Sache mit Jutta aus der Spur zu geraten. Eines Abends nämlich, als er anklingelte, ließ sie ihn nicht mehr herein. Er hätte es nie für möglich gehalten, aber Eifersucht versengte sein billiges Herz. Hatte er nicht im Hintergrund eine männliche Silhouette gesehen? An diesem Abend bestieg er seit langer Zeit mal wieder Carola und zwang sie, sein Ding bis zum Anschlag zu schlucken. Sie bekam zwar kaum Luft, wie er sein Gerät so hineinschlug in sie, aber immerhin: Endlich nahm er sie als Frau wieder wahr. Brav öffnete sie das kleine Maul, damit er hineinspritzen konnte.

Anderntags stellte er Jutta in der Firma zur Rede. Sie war freundlich zu ihm, griff ihm, als niemand hinsah, zwischen die Beine und sagte: „Komm heute abend vorbei!“ Trotzdem – irgendwie hatte er das Kommando verloren. Er fühlte, daß er keine Macht mehr über Jutta besaß, daß er ins Hintertreffen geriet. Und damit lag er weitgehend richtig. Sie ließ ihn an diesem Abend zwar ran, aber er spürte, sie hatte einen anderen gebumst, er war dabei Terrain zu verlieren, das machte ihn linkisch. Zum ersten Mal gab *sie* die Befehle im Bett.

In den folgenden drei Wochen hielt sie unseren kleinen Thomas schwer auf Distanz. Sie hätte da jemanden kennengelernt, erzählte sie ihm, und dieser jemand täte ihr gut. Und gleichzeitig ließ sie etwas Bein aufblitzen und wippte kokett mit dem Fuß. Unser kleiner Kerl hatte sich nie Gedanken darüber gemacht, daß sie Interesse für einen anderen als ihn aufbringen könnte – oder ein anderer Kerl Interesse für sie. Er war ziemlich niedergeschmettert. In seiner Not versuchte er gleichzuziehen mit ihr und eine andere Kollegin in die Kissen zu locken, aber natürlich kriegte er bei der kleinen Maus keinen Stich. Sein Karma sonderte einen schlechten Geruch ab, und bei seinem

Eheweib kriegte er abends vor lauter Frust und Diffusität in seinem überanspruchten Köpfchen keinen mehr hoch. Harte Zeiten für Tommy!

Zwei Tage darauf klingelte er nachts bei Jutta Sturm. Er hatte getrunken. Als endlich der Türöffner summte und er die Treppen hinaufsprang, um ihr zu erklären, was für eine alte, miese Schlampe sie sei und ihr dann hart und schonungslos zuleibe zu rücken, he, ihr den Orgasmus ihres Lebens zu verpassen, kalkulierte er nicht eine Sekunde lang ein, daß ein fremder Macker in der Tür stehen könnte, der ihm die Faust aufs Nasenbein knallte.

Ungläubig blutete er das Treppenhaus voll und starrte den anderen an, ehe für einen Augenblick Jutta erschien, unserem kleinen Tommy starr und leer ins Gesicht blickte und die Tür vor ihm schloß. Ja, scheiße, Leute, so kann's gehen, wenn es einem an Stil und Klasse gebricht, man aber trotzdem mitmischen will.

Anstatt es nun gut sein zu lassen, verfiel unser kleiner Casanova darauf, um die Gunst und das Wohlwollen Juttas zu betteln. Ebensogut hätte er seinen letzten Rest verbliebener Würde auf die Straße stellen können, damit ihn die Müllabfuhr holt. Es war wirklich nicht mehr allzuviel übrig von unserem Helden: ein gebrochener Knochen ohne ein Stück Fleisch oder Charakter daran, ein müder, kläglicher Sack, der sich verzweifelt bemühte, im großen Fäkalienmeer seines schrumpeligen Alltags nicht unterzugehen. Schlecht für ihn, daß auch sein Weib sich abgewendet hatte von ihm. Nein, sie hatte nicht die Scheidung eingereicht, aber zwei Wochen zuvor war sie auf der

Straße von einem Mann angesprochen worden, und da ganz eindeutig etwas fehlte im zähen Einerlei, das ihre Existenz darstellen sollte, traf sie sich mit ihm, als Sohn Torsten artig in der Schule saß. Dieser andere gab ihr einiges, was sie lange vermißt hatte. Himmel, sexuell war er ein echtes Erlebnis für sie. Die beiden waren, was das anbelangte, kompatibel wie nur selten ein Paar. Da hielt ihr Thomas einfach nicht mit.

Und das war's auch schon, Leute, vielmehr hab' ich nicht zu verklickern. Der arme Tommy-Boy dort drüben steigt mit Weib und Kind in den frisch gereinigten Wagen und fährt, etwas zu schnell, vom Supermarktparkplatz, einem unendlichen Rest von Tagen entgegen, die er hinter sich bringen wird wie eine Pflicht, an deren Sinn er nicht glaubt. Und noch immer hat er nicht den leisesten Schimmer, daß er es sich selbst zuschreiben muß, wenn sein Dasein verkorkst ist. Dumm wie er ist, glaubt er nämlich, den anderen auf diesem Planeten gehe es allesamt ähnlich. Aber, he, Leute, das stimmt nicht. Jeder erschafft sich seine eigene Hölle auf Erden, wenn sich auch nicht jeder so geschickt dabei anstellt wie unser armseliger Tommy, der unglücklicherweise noch zwanzig, dreißig Jahre lang durchhalten muß.

Sonntagskind

In der niedrigen Küche saß ein noch junger Mann und beobachtete eine Wespe, die auf dem Fensterglas lief und versuchte, einen Weg ins Freie zu finden. Die alte Siepers war aus dem Nachbardorf herübergekommen und hatte sich eilig am Herd zu schaffen gemacht. Wasser wurde erhitzt, saubere Tücher aus den Schränken genommen. Der Mann saß da und blickte starr auf die Wespe. Von nebenan aus der Schlafkammer drangen die unterdrückten Schreie der werdenden Mutter, die eintönige Stimme der Siepers, die der Gebährenden zuredete. Und dazwischen, wenn es urplötzlich still wurde, einen Herzschlag lang nur, rauschte von fernher die Ostsee, war das Flügelschlagen des Insektes an der Scheibe zu hören.

Viktor Seißler stand auf. Er öffnete die rechte Hälfte des Fensters. Die Wespe spürte den Luftzug und flog ins Freie hinaus. Von nebenan drang der Schrei des neugeborenen Kindes, ein Mädchen, das den Namen Friederike erhielt.

„Ein wahrhaftiges Sonntagskind!" beglückwünschte die alte Siepers den frischgebackenen Vater. „Das bedeutet, Gott hat das kleine Riekchen gern."

Trotzdem wurde Riekchen fünfundzwanzig Jahre später gegen ihren Willen auf ein Lager niedergezerrt – von einem Offizier, dem es gleichgültig war, daß sein Opfer einst an einem Sonntag auf die Welt gekommen war. Die alte Siepers war noch am Leben und mochte sich jetzt an ihren Ausspruch vielleicht nicht mehr erinnern. Überhaupt hielt das Leben für die Friederike Seißler ein großes Maß an Unglück und Kummer bereit. Der Krieg kennt keinen Sonntag. Die Zuversicht der alten Siepers war darum völlig fehl am Platz, es sei denn, man hält ihr zugute, ihre Worte seien nur als guter Wunsch gemeint gewesen, in welchem Vergewaltiger in Offiziersrang nicht berücksichtigt wurden. Denn schließlich – es war das Jahr 1919, als Friederike zur Welt kam, und überall auf der Welt riefen die Menschen: Nie wieder Krieg! Womit sie sagen wollten: Jedenfalls nicht bis zum nächsten, bis auf weiteres nehmen wir eine Pause vom Krieg. Und so wuchs Friederikchen auf mit dem bald vertrauten Rauschen der Ostsee in den Ohren. Noch wohnte man in Muddelmow, in einer Wohnung auf dem alten Rittergut, in dessen umliegenden Wäldern der Vater als Haumeister Dienst tat. Doch bald schon würde man umziehen in das eigene neue Haus, das Viktor Seißler bauen ließ, als auf Rieke nach und nach vier weitere Kinder folgten.

Schüchtern ist Rieke, obwohl sie doch die Älteste ist. Sie bleibt es, zurückhaltend, auch nachdem man sie eingeschult hat. Die Schule: vierundsechzig Kinder, erste bis achte Klasse, in einem einzigen Raum. Der Lehrer, Liebig mit Namen und unverheiratet, der den Jungen so gern bei der Feldarbeit zusieht, der begeistert ist, wenn ihre jungen Muskeln sich spannen, der Schweiß aus ihren Körpern tritt. Und Rieke an ihrem ersten Schultag, schweigsam sitzt sie in der Bank neben der flachsblonden Katka, die frecher ist als sie, keine Angst hat, vor nichts in der Welt, nicht vor ihrem Vater und schon gar nicht vor Liebig, der jetzt sein Wort an Rieke richtet, sie fragt: „Was ist Dein Vater?" – „Mein Vater ist ein Viktor", antwortet sie und ruft tosendes Gelächter hervor, eine brandende, nicht enden wollende Heiterkeitsflut.

Zwei Sommer darauf, Liebig ein Trinker, sein Gesicht aufgedunsen vom Rübenschnaps, der angeblich blöd machen soll. Katka tuschelt, flüstert Rieke etwas ins Ohr. Rieke wendet sich um, antwortet ihr. Liebig holt sein Taschenmesser hervor, klappt es auf, die Klinge blinkt in der Sonne, die durch die Fenster hereinsticht. Schleudert es plötzlich. Verfehlt Rieke. Trifft Katka dicht über dem Auge. Blut spritzt. Katka wird nach Hause geschafft, Liebig von ihrem Vater fast zutode geprügelt, ehe es den Männern aus dem Dorf endlich gelingt, dazwischenzugehen. Dennoch – Liebig bleibt der Lehrer der Schule. Wenn er nur jetzt endlich mit dem Saufen aufhören würde.

Mit vierzehn Jahren tritt Rieke als Hausmädchen in die Dienste von Henning Täler, dem Forstmeister, ein, arbeitet, schläft und ißt plötzlich unter neuem Dach, steht in der Früh um fünfe auf, um das Vieh zu versorgen, richtet das Frühstück, versorgt den Haushalt und bestellt mit Sorgfalt den Garten. Emma, Ralka und Lotte heißen die Kühe, die sie frühmorgens melkt. Anfangs empfindet sie Furcht vor den unruhigen Tieren, tastet zaghaft und linkisch die milchprallen Euter. Schnell die frische Milch in die Kannen, die Kannen mit dem Fahrrad ins Dorf. Im Sommer dauert die Fahrt dreißig Minuten, im Winter die doppelte Zeit. Die Milch wird gesammelt und in die Kreisstadt Greifswald gefahren. Dort gibt es ein Kino und ein Krankenhaus, den wöchentlichen Markt und eine alte Kaserne. Buntfarbige Plakate kleben an den Litfaßsäulen. Wählt Hitler! fordern sie auf.

Im nächsten Frühling fährt Henning Täler mit dem Fahrrad in die Kreisstadt und kehrt spät am Abend in einem schwarzen Auto zurück.

„Na, Sophie, wat seigst?” fragt Täler seine Frau. Stolz führt er den Sechs-Zylinder-Wagen vor, präsentiert sich in der braunen, neuen Uniform.

„Nationalsozialismus”, sagt Täler, und das Wort klingt fremd in dem pommerschen Platt, das er spricht. Rieke bestaunt brav die neue Uniform, dann geht sie in den Stall, um Wrunken an das Vieh zu verfüttern.

Sie fühlt sich wohl im Försterhaus. Sophie Täler und der Förster behandeln sie gut. So groß ihre Furcht ist vor den dunklen Wassern der Ostsee, so sehr liebt sie Garten und Wald, wo sie ihre Stunden verbringt, wann immer Zeit dazu ist. Wie ein Unglück kommt es ihr vor, als eines Tages der Vater erscheint, um sie nach Hause zu holen. Die Mutter ist krank, sie als die Älteste muß die Jüngsten versorgen.

„Du Rieke”, sagt der Vater, „brauchst keinen Beruf. Du kriegst später das Haus.”

Zuhause liegt die Mutter im Bett, der Arzt ist soeben bei ihr. „Nervosität”, erklärt er dem Vater. „Nervosität und ein minimales Fieber vielleicht, das ist alles. Sie wird wieder aufstehen, wenn sie Lust dazu hat.”

Der Winter kommt. Die Mutter verbringt noch immer die Tage im hinteren Zimmer, hat die Vorhänge vor die Fenster gezogen, geht nur selten ein wenig herum. Rieke träumt vom Försterhaus, vom Garten, von Emma, Ralka und Lotte. „Komm zurück”, hat der Förster zu ihr gesagt. „Es wird bestimmt nicht lang dauern, dann ist deine Mutter gesund.” Doch inzwischen hat er eine andere ins Forsthaus genommen; seine Frau erwartet ein Kind, er will sie entlasten.

Als das nervöse Leiden der Mutter abklingt, ist es längst Frühjahr geworden. Friederike stellt sich in der Kinderabteilung des Greifswalder Krankenhauses als Pflegerin vor. Zunächst nur auf Probe, erhält sie ein Zimmer zugewiesen, jede Woche hat sie am Donnerstagnachmittag frei. Sie geht mit ihren Kolleginnen in das örtliche Kino, auch um dort ihre Geschwister zu treffen, die von zu Hause berichten.

Dann und wann wird Friederike auch von einem Vetter mit Namen Johann ins Kino begleitet. Einmal aber kommt er jedoch nicht allein den Weg von Pribbernow nach Greifswald herüber, sondern bringt einen Freund mit, einen Maurergesellen. Selbdritt läßt man andere Unternehmungen folgen, sonntägliche Radtouren an die nahe Ostsee zum Beispiel, einmal einen Ausflug nach Danzig. Der Maurergeselle heißt Peter Härtner, hat stets einen Scherz auf den Lippen und ein offenes Gesicht. Er gefällt Friederike, und auch er findet Gefallen an ihr, wie Johann als sein Freund sehr genau weiß, so daß er sich alsbald aus dem fröhlichen Triumvirat zurückzieht, um den zweien nicht länger im Wege zu stehen.

Die Zeit aber steht gegen Friederike und ihren Maurergesellen. 1939 ist Peter Härtner Soldat. Aus den gemeinsamen Begegnungen werden flüchtige Treffen am Tor der Kaserne von Greifswald. Als sechs Wochen später der deutsche Angriff auf Polen erfolgt, ist der Maurergeselle einer der ersten, der fällt. Es ist Johann, der Friederike die Nachricht von dessen Tod überbringt. Sie schreit auf und will es nicht glauben. Seit zwei Tagen ist sicher, sie ist schwanger von ihm. Der Brief, den sie schrieb, wird ihn nicht mehr erreichen.

Eine Katze namens Jockey

Wie immer roch es nach Kohl. Georg betrat die Wohnung und stellte seine Schultasche neben die Spiegelkommode im Flur, direkt unter den dort an der Wand befestigten ledernen Riemen. Häufig drohte seine Großmutter, wenn Georg etwas ausgefressen hatte, ihn mit diesem Riemen zu schlagen, wirklich benutzt hatte sie ihn jedoch nie.

Nachdem er die Tasche abgestellt hatte, lauschte er zur Küche hinüber, wo seine Oma mit den Töpfen klapperte.

„Georg, bist du es?“ rief sie heraus.

Wer sollte es sonst sein, dachte Georg. Seine Oma und er bekamen nur selten Besuch. Weder sie noch er waren bei den anderen beliebt. Dennoch waren sie nicht immer allein. Manchmal kam Frau Grabloch aus der ersten Etage herauf, um den neuesten Tratsch weiterzugeben und währenddessen Kaffee aus der goldumrandeten Sammeltasse zu trinken, wobei sie blutroten Lippenstift auf dem Rand hinterließ.

„Malt sich an wie eine Bordsteinschwalbe, dabei ist sie schon weit über fünfzig“, begann seine Oma zu schimpfen, sobald Frau Grabloch sich verabschiedet hatte. „Schau her! Die schöne Tasse, ganz mit ihrem roten Dreck beschmiert!“

Einmal hatte Georg gefragt: „Was ist das, eine Bordsteinschwalbe?“ Aber seine Oma hatte erwidert: „Nichts, worüber ein anständiger Junge deines Alters Bescheid wissen sollte.“

Dienstags dagegen erschien zumeist die Witwe Pestel und brachte Eier und ab und zu Rauchwurst vorbei, die Georgs Oma bei ihr bestellte. Sie war schon sehr alt, diese

Witwe, und Georg reichte ihr, weil sie nach Tod roch, nur ungern die Hand. Doch ans Sterben schien die Witwe Pestel gar nicht zu denken. Nicht nur für die Großmutter, für viele aus der Nachbarschaft machte sie Besorgungen und war auf diese Weise tagein, tagaus auf Trab, um sich mit den spärlichen Gewinnen, die sie erzielte, die knappe Rente aufzubessern.

Andere Besucher als diese beiden Frauen aber gab es nur selten.

„Georg, nun komm doch! Dein Essen wird kalt!“ rief seine Großmutter nun. Doch Georg befeuchtete erst noch seine Finger mit Speichel, um die Blutreste von der Lippe zu wischen. Torsten Bärmüller aus der 8b hatte ihn nach der Schule abgefangen, Streit begonnen und ihm mit der Faust in das Gesicht geschlagen. Bärmüller brauchte dazu keinen Grund. Meist genügte als Anlaß, daß Georgs Kleidung altmodisch war.

„Oh, was haben wir denn heute an?“ hatte er bösartig gefeixt. „Einen Pullunder, damit sich der Kleine nicht erkältet ...“

Und es war gleichgültig, ob Georg etwas erwiderte oder schwieg; zu guter Letzt schlug Bärmüller ihn doch wieder grundlos ins Gesicht und höhnte: „Nicht mal wehren tut sich der Feigling!“

Georg betrat die Küche und glitt wortlos auf das durchgesessene Sofa hinter dem Tisch, auf den seine Oma das Essen gestellt hatte. Dampfend verbreitete die Kohlsuppe ihren schweren Geruch. Nun stellte die Großmutter einen gesprungenen Teller mit Fleisch vor Georg hin und sagte: „Hier, iß dich ordentlich satt. Ich hab‘ dir das beste Stück aufbewahrt. Guter Bauchspeck von Ihmann.“

Ihmann – der Besitzer des Tante-Emma-Ladens an der Ecke, wohin sie Georg schickte, wenn das Geld am Monatsende nicht reichte. Bei Ihmann konnte die Großmutter anschreiben lassen.

Während Georg die Kohlsuppe aß, setzte sich die alte Frau ihm gegenüber, um die Zeitung zu lesen. Sie trug den dunklen Kittel, der ihr zur zweiten Haut geworden war. Die von den Schultern abwärts nackten Arme waren sommersprossengesprenkelt. Als sie nach einem Kugelschreiber griff, fiel Georgs Blick auf die breiten, starken Handgelenke, dessen linkes eine winzige goldene Damenarmbanduhr zierte, die schon seit Jahren nicht mehr ging. Trotzdem legte die Oma sie nie ab, brachte sie auch nicht zur Reparatur.

Auf den Händen der Greisin waren Altersflecken zu sehen, die fast wie Sonnenbräunung wirkten. Breit und kräftig waren sie, die Hände der Großmutter, gezeichnet von einem arbeitsreichen Leben, denn Frieda Wilkes hatte neun Kinder geboren und davon sieben großgezogen. Alle waren sie schon lange außer Haus und in alle Winde verstreut. Nur Georgs Vater lebte noch in der Stadt, aber seit zwei Jahren hatte der Junge ihn nicht mehr gesehen.

„Dein Vater taugt nichts", antwortete die Großmutter, wenn Georg sie fragte. „Er hat noch nie etwas getaugt, und meine anderen Kinder sind auch nicht viel besser."

Den Vater hatte Georg als sehr dünnen, schwarzhaarigen Mann mit dunklen Augen in Erinnerung, der nach Rasierwasser roch. Soviel er wußte, lebte er in einer kleinen Wohnung in der Rathenaustraße und war früher Baggerfahrer gewesen. Jetzt arbeitete er als Lagerist für eine Firma, die Baumaterialien verkaufte. Georg vermißte ihn nicht. Die Welt, die er kannte, war die seiner Oma. Bei ihr lebte er, solange er zurückdenken konnte.

„Schmeckt's dir, mein Junge?“ fragte sie jetzt, hörte aber nicht hin, als Georg antwortete. Zu sehr war sie mit dem Zeitungsrätsel beschäftigt.

„Oma...“, meldete sich nun Georg zwischen zwei Bissen. „Die Pullunder... ich will sie nicht mehr.“

Aber Frieda Wilkes hörte ihn nicht. Schweigend buchstabierten und suchten ihre Lippen Worte, die in die fehlenden Kästchen des Rätsels passen könnten. Paul aß zu Ende, mit großem Appetit, stand schließlich auf und ging in sein Zimmer.

*****

Sorgsam breitete Georg die Schulhefte auf seinem Schreibtisch aus. Mathematik fiel ihm leicht, das Schreiben jedoch machte ihm große Probleme. Ausgerechnet einen Aufsatz hatten sie heute als Hausaufgabe bekommen, und Georg graute davor. Nur mühsam reihten sich bei ihm die Buchstaben zu Worten aneinander; wurden Deutscharbeiten in der Schule geschrieben, reichte die Zeit für Georg nie aus, weshalb seine Arbeiten stets unvollständig blieben.

„Du bist zu langsam, Georg!“ sagte der Lehrer. „Alle sind fertig geworden, nur du nicht.“

„Die Langsamkeit hast du von deinem Opa“, pflegte die Großmutter Georg zu trösten. „Er war langsam, aber er hatte feine Manieren. Nur – richtig arbeiten mochte er nicht. ‚Frieda‘, hat er immer gesagt, ‚sei mir nicht böse, aber ich bin nicht für die Arbeit gemacht.‘“

Georg hatte nur eine schwache Erinnerung an den großgewachsenen Mann mit dem fein zurechtgestutzten Bart, dessen gerahmtes Foto die Wand im Wohnzimmer schmückte. Während des Krieges war er bei den Versorgungsmannschaften gewesen, hatte sich, von jedem Mangel verschont, angewöhnt, was er, der Großmutter zufolge, gute Lebensart nannte, und bis Kriegsende ein sehr bequemes Leben geführt. So war er nicht begeistert, als er gegen Endes des Krieges nach Hause zurückkehren mußte, wo ihn eine Frau und drei Kinder erwarteten, zu denen in kurzen Abständen noch vier weitere kamen. Der Krieg hatte ihn phlegmatisch gemacht und ihn der geregelten Arbeit entwöhnt.

Als Georg noch ein kleines Kind gewesen war, hatte er seinen Enkel oftmals auf den Schoß genommen, um sich von ihm die Wangen streicheln zu lassen. Häufig betrachtete Georg das an der Wand prangende Bild dieses Mannes, auf dessen Schoß er so gern und oft gesessen hatte und der auf der Fotografie eine stille Vergnügtheit und Gelassenheit ausstrahlte. Manchmal war es Georg, als rieche er noch immer das süße Parfum, welches sein Opa benutzte.

„Ein Spieler ist er gewesen“, hatte Georgs Tante, die jüngste Tochter seines Großvaters, einmal in abfälligem Tone gesagt. Georg jedoch bewunderte den Mann auf dem Foto. Sanfte Ruhe ging von ihm aus, selbst jetzt noch, da er schon seit neun Jahren tot war.

Kurz nach dem Begräbnis von Opa Wilkes hatte die Großmutter den kleinen Georg zu sich genommen. Davongelaufen war seine Mutter, die es bei ihrem Mann nicht mehr aushalten mochte und sich Großartigeres für

Ihr Leben erträumte. Doch das Glück stellte sich auch an der Seite des anderen Mannes nicht ein, dem sie so entschlossen gefolgt war, denn zwei Jahre darauf war sie bei einem Verkehrsunfall ums Leben gekommen. Hatte sie in den Jahren, da sie fort war, häufig an ihren kleinen Georg gedacht? Wohl kaum, war sie doch gegangen, um ihr altes Leben aus der Erinnerung zu tilgen. Und auch Georg besaß nicht einmal ein Foto von ihr.

Seit dieser Zeit war nun also die Wohnung seiner Großmutter sein Zuhause geworden, und wenn Georg es auch nicht in Worte zu kleiden vermochte, so war er doch glücklich bei ihr. Ganz wie ein aufeinander eingeschworenes Ehepaar lebten die beiden vom Alter her so verschiedenen Menschen zusammen, saßen abends auf dem Sofa vor dem Fernsehgerät oder spielten die Schallplatten ab, die sie beide so gern hörten – Operettenmelodien und Schlager –, und Georg oblag es, die Schallplatten aus ihren Hüllen zu nehmen, auf den Plattenteller zu legen und behutsam die Saphirnadel in den Rillenanfang gleiten zu lassen. Dann saßen sie da, schwiegen und lauschten in Eintracht. Für Karel Gott schwärmte die Oma, für die tiefe Stimme von Ronny und, wenn sie gutgelaunt war, für Daliah Lavi. Wenn etwas ganz besonderes sie erheitert haben mochte, sang sie deren Liedtexte mit und tanzte, einen Suppenlöffel oder eine Pfefferdose in der Hand, in ihrem dunklen Kittel auf dem blaßgrünen Linoleumboden der Küche, der vor der Herdstelle schon ganz abgenutzt war. Das waren große Stunden, die Georg vollen Herzens genoß, und manchmal wurde er dann von der Großmutter mit Geld zum Bäcker geschickt, um Kuchen für sie beide zu kaufen. Und als einmal die Großmutter in der Lotterie einen größeren Betrag einstreichen konnte, hatten sie sogar einen Ausflug ins Rheinland gemacht und waren in Köln rund um den Dom spazierengegangen. Solche Dinge kamen nun allerdings seltener vor. Der Großmutter ging es an manchen Tagen nicht gut, sie hielt ihre Hand auf der Brust und atmete schwer. Selbst das Zeitungsrätsel rührte sie an solchen Tagen nicht an, lag nur auf dem Sofa, die Augen geschlossen.

Georg inzwischen war in seinen Aufsatz vertieft. Wenn ich nur den Anfang erst hätte, wiederholte er stumm, wieder und wieder, wenn der Anfang gemacht ist, kommt auch der Rest. Doch auch eineinhalb Stunden später hatte er nicht mehr als einen einzigen Satz zuwege gebracht, und er steckte den Füllfederhalter zusammen und klappte das Heft zu, denn es war an der Zeit, Jockey zu füttern.

*****

„Gehst du weg?" rief seine Oma, als sie hörte, wie Georg seine Schuhe anzog. „Das ist gut. Geh nur spielen mit deinen Freunden, ich leg' mich aufs Sofa und ruh' mich was aus."

Wußte sie wirklich nicht, daß Georg keine Freunde besaß? Wollte sie sich nur nicht anmerken lassen, daß sie Bescheid wußte, weil niemals ein Schulkamerad anklingelte, um nach Georg zu fragen, oder war sie blind gegenüber der Vorstellung, ihr Enkel könnte unter Gleichaltrigen unbeliebt sein, ein Sonderling, der sich nicht nur durch seine veraltete Garderobe von seinen Mitschülern so stark unterschied. Nun, im Grunde ging er gerne zur Schule, nicht alle Schüler waren so bösartig wie Bärmüller, der kaum eine Gelegenheit ungenutzt ließ, Georg zu quälen. Mit einigen der Klassenkameraden kam er sogar ab und zu ins Gespräch, meist ging es um die Hausaufgaben, die Georg hergab, damit die anderen sie noch schnell abgschreiben konnten. Schwierigkeiten machten ihm vor allem die Fächer Englisch und Deutsch, und im nächsten Jahr würde noch Französisch dazukommen; Georg dachte mit Sorge daran. Auch der Sportunterricht schien nur erfunden zu sein, um Jungen wie ihn zu demütigen, ihn, dessen Körper ungelenk war, fleischig und schlaff. Wurden von den Kapitänen der gebildeten Teams die Mitspieler gewählt, blieb, weil die Zahl der Schüler in seiner Klasse ungerade war, er als einziger übrig. Den beiden Parteien war es gleichgültig, auf wessen Seite er spielte; sowieso kam er nur selten mit dem Ball in Berührung, in der Regel stand er einfach im Weg. Dabei hatte er einmal, als sie Basketball spielten, einen Ellbogen auf das linke Auge bekommen. Das Auge schwoll an, und am anderen Tag war die Haut um die Augenhöhle violettgelb gefärbt, die anderen lachten ihn aus. Was einzig ihn am Sportunterricht zu begeistern vermochte, war etwas anderes. Er liebte es, die Klassenkameraden in ihren wilden, entschlossenen Bewegungen zu sehen, zu beobachten, wie sie geschickt den Ball am Gegner vorbeidirigierten, in ihrem Tun von keinem Zweifel befallen, von keiner Unsicherheit, keinem Nachdenken und Reflektieren gehemmt, sondern ganz und gar dem Spiel hingegeben und der Lust am eigenen Körper, den Georg als so fremd empfand, als habe er täglich mit einem Handicap, das nicht zu überwinden war, einen niemals endenden Kampf auszutragen. Er steckte in einer

Hülle, die er als Fremdkörper sah, als nicht ihm zugehörig. Überhaupt wirkte Georg, als habe ihm das Leben den Alltag wie einen Amboß auf den Rücken geschnürt, weshalb er schnell ermüdete und mit den anderen nicht schritthalten konnte. Er wirkte blaß, gähnte sehr oft und konnte sich nur schwer konzentrieren. Dennoch wälzte sich stetig eine große Gedankenflut durch seinen Kopf, komplizierte Überlegungen, die alles mögliche streiften, jedoch nichts wirklich erfaßten; Überlegungen, die von ihm nie sortiert, geordnet und entsponnen wurden und sein Denken wie ein Netz einschnürten. Dieses unaufhörliche Grübeln war so unabänderlich in seinem Kopf, daß er es gar nicht mehr wahrnahm, denn immerzu war er da, dieser fließende Strom nur halb fokussierter Gedanken, die aus einem Nebel heraus kamen und in einen anderen Nebel flossen. Doch nicht jede seiner Wahrnehmung war unkonkreter Natur; Georgs Auge erfaßte genau. Geschult fürs Detail, bemerkte er viel, was anderen entging. Daß beispielsweise Herr Firiak, der Klassenlehrer der 8a, ein Liebesverhältnis mit Frau Armbeuger unterhielt, die eine der Referendarinnen war. Georg waren die versteckten Blicke, die beide sich sandten, wenn sie sich unbeobachtet wähnten, nicht verborgen geblieben; auch hatte er gesehen, wie Frau Armbeuger einmal mit leicht verwirrter Frisur aus der Lehrertoilette heraustrat und wie, nach einem Abstand von drei Minuten, Herr Firiak ebenfalls von dort, in der Hoffnung, nicht gesehen worden zu sein, auf den Gang hinaus schlüpfte. Was aber nun die durchaus attraktive junge Frau ausgerechnet an dem gut zwanzig Jahre älteren Chemie- und Physiklehrer fand, war für Georg nicht nachzuvollziehen. Noch schlief die Lust in seinem eigenen Körper, und er besah die Menschen immer noch mit den Augen des Kindes. Was nicht bedeutet, sein größtes Temperament wäre die Einfalt gewesen. Natürlich wußte er, was da die Geschlechter aneinanderkettete, ob die Menschen es nun wollten oder nicht; und obschon er auch diesen Gedanken nicht klar zu fassen vermochte, spürte er doch, daß es die Natur war, die die Menschen gängelte, indem sie sie vergeblich gegen ihre Instinkte ankämpfen ließ, und daß die Menschen also nur glaubten, sie seien in ihren Entscheidungen frei. Nicht umsonst saß Georg dabei, wenn Frau Grabloch bei ihnen in der Küche saß, um Gerüchte zu verbreiten, die sich in aller Regel darum drehten, welcher Ehemann seine Frau hinterging und welche Nachbarin ihren Gatten mit welchem anderen Mann betrogen hatte. Zwar streute Frau Grabloch in Georgs Beisein immer wieder Floskeln ein wie „Sie wissen schon ... Vor dem Jungen muß ich mich ja doch zurücknehmen, aber ich könnte Ihnen Dinge erzählen, Frau Wilkes, da wird sogar unsereins rot. Von meinem Küchenfenster aus seh‘ ich ja alles, was im Hause passiert. Sodom und Gomorrha ist gar nichts dagegen.“ Aber deutlich genug waren diese Andeutungen eben doch, daß Georg sich bald einen Reim darauf zu machen wußte und seinerseits begann, Augen und Ohren betreffs der im Haus sich ereignenden Geschehnisse offenzuhalten. So war es denn auch zu verzeihen, daß seine Großmutter ihn über die sich zwischen Mann und Frau bestehenden Verbindungen nie aufgeklärt hatte; Georg hatte diesen Unterricht auf ganz konkrete Art erteilt bekommen, als er nämlich einmal, da er auf dem Weg zur Schule war und sograd das Haus verlassen wollte, Keuchen und Stöhnen aus dem

Keller heraufsteigen hörte. Neugierig geworden, was es mit diesen Geräuschen auf sich habe, war er lautlos in den Keller gestiegen. Unten angelangt, konnte er im Sonnenlicht, das schräg durch die schmalen Kellerfenster drang, sehen, wie Frau Herback vor Herrn Deiner niederkniete und dessen Glied im Munde hielt, welches dieser vor- und zurückzog, mal weicher, mal heftiger stoßend, bis zu guter Letzt Herr Deiner sein rotes Glied herausgezogen hatte und ein weißer Strom daraus hervorgeschossen war, den Frau Herback, mit weit geöffnetem Munde, aufgefangen und in ihre Kehle hatte rinnen lassen. Das weiße Etwas war in ihr geblieben, sie hatte es wohl heruntergeschluckt. Seitdem glaubte Georg, auf diese Weise würden Kinder gezeugt. Die Frau schluckte den Samen des Mannes, der daraufhin in ihren Bauch wanderte und dort das Kind entstehen ließ. Weil nun in der Folge Georg peinlichst genau darauf geachtet hatte, ob Frau Hernack an Leibesumfang zunehmen würde und – als dies genau dann eingetreten war – die Veränderung dem Stelldichein im Keller zuzuschreiben wußte (obwohl ihre erneute Schwangerschaft in Wahrheit von ihrem Ehemann herrührte, was allerdings außerhalb von Georgs Horizont lag), hatte er gleichsam den Beweis für seine Vermutung erhalten.

*****

Georg hatte die zurückliegenden Stunden auf dem leerstehenden Molkereigelände in der Taubringerstraße verbracht. Dort war er hinter der langen Reihe freistehender Milchtanks verschwunden, nach rechts abgebogen und zielstrebig auf ein kleines Häuschen zugelaufen, in welchem sich ein steinerner Waschraum befand. In einem der Becken hatte Jockey ihr Lager, eine schwarzweiß-gefleckte, halb verwilderte Katze mit blaßblauen Augen. Wie jeden Tag, so hatte er vor dem Haus auch heute leise ihren Namen gerufen, woraufhin sie nach ein paar Minuten auf einem Mauervorsprung erschien, um das Futter, das Georg ihr brachte, in wilder Gier herunterzuschlingen. Als er diese Katze das erste Mal sah, hatte sie auf dem Rücken eines ebenso verwilderten Hundes gesessen, die Krallen tief in dessen Fell geschlagen, so daß das unten befindliche Tier in seinem Schmerz wie besessen auf dem Molkereihof herumsprang, ohne indes den Quälgeist hinunterwerfen zu können. Fauchend hielt sich das Katzentier oben. Auf den Jungen hatte die Katze wie ein Reiter gewirkt, so hatte er sie insgeheim Jockey getauft. Nur selten ließ sie sich streicheln von ihm. Auch nachdem Georg nun seit acht Monaten jeden Tag kam, um Futter zu bringen, wahrte das Tier die Distanz, beäugte den Jungen, während sie fraß, bereit, bei der geringsten Bewegung Georgs wie der Blitz zu verschwinden. Heute aber hatte er Glück; Jockey schien guter Laune gewesen zu sein und hatte sich sogar kurz von Georg an die Brust nehmen lassen, wo sie regungslos einige Augenblicke verhielt. Freudig also hatte der Junge Abschied von der Katze genommen, um in der einsetzenden Dunkelheit nach Hause zu gehen.

*****

Er öffnete die Wohnungstür mit seinem Schlüssel und rief: „Ich bin wieder da!“, erhielt jedoch keine Antwort darauf. Eine tiefe Stille erfüllte die Wohnung, hervorgehoben und verschärft noch vom Ticken der Uhr, das von der Küche in den Flur hinaus drang. Er fand die Großmutter auf dem Boden vor dem Herd, auf dem die Suppe verkochte. Noch im Tod hielt ihre Rechte einen hölzernen Rührlöffel umfaßt; die trüben Augen stierten leblos ins Nichts. Drei Stunden später saß Georg noch immer bei ihr, das von Tränen überzogene Gesicht wie im Fieber erhitzt, und hielt die Hand umklammert, in welcher wie ein karnevalistisches Zepter der Löffel noch stak. Alles in ihm, jeder Blutstropfen, jede Regung schien zum Stillstand gekommen. Das Haus seiner Seele war dunkel und schwarz. Wäre er nicht so lange Zeit bei Jockey auf dem Molkereigelände geblieben, wäre er nur zeitiger nach Hause gekommen, hätte er der Großmutter vielleicht beistehen können. Und auch als der Morgen kam, saß er noch da, erschöpft und verzweifelt, eine frostig erstickte Sehnsucht im Herz, ereilt und heimgesucht von einem bohrenden Schmerz, der kalt und atemlos war. Weder spürte er Hunger und Durst, noch war er bei Sinnen. In sich gesunken hockte er da, steif wie der neben ihm liegende Leichnam, in welchem allmählich die Totenstarre einzusetzen begann. Eine Kreatur, die den Schrecken der Welt nicht begriff, harrte er aus; es war alles verloren. Zwei weitere Tage und Nächte vergingen, der Zwölfjährige regte sich nicht. Eine Eisfaust umklammerte sein schwach schlagendes Herz, die Welt existierte nicht mehr, mit der Großmutter war sie verlorengegangen.

*****

Am dritten Tag, der auf die Katastrophe gefolgt war, hatte Georg sich urplötzlich erhoben, um ein Glas Wasser zu trinken und den Herd auszustellen. Der Geruch des Leichnams und des verbrannten Suppenrestes verklebte die Luft. Ohne nachzudenken, zerrte er die Großmutter zum Sofa, zog den Tisch, der den Zugang versperrte, zur Seite und hievte den steifgewordenen Körper auf die quietschend nachgebenden Polster. Er versuchte, das angewinkelte linke Bein seiner Oma zu strecken, aber trotz großer Kraftanstregung gab es in seiner Totenstarre nicht nach. Auch der Rührlöffel in ihrer Rechten ließ sich nicht mehr entfernen. Er legte eine Wolldecke über die Tote und betrachtete das blasse Gesicht mit den noch immer geöffneten Augen darin. Eine unerklärliche Scheu hielt ihn zurück, ihre Lider zu schließen. Statt dessen begab er sich zum Plattenspieler, nahm eine Schallplatte aus ihrer Hülle und legte sie auf.

„Hörst du?“ sagte er, als die Stimme Daliah Lavis aus den Lautsprechern drang. „Alles ist gut. Du brauchst nicht traurig zu sein.“ Und mit zitternder, schwacher Stimme sang er den Text mit. Als die Platte an ihrem Ende angelangt war, setzte er die Nadel auf den Anfang zurück. So verging ein weiterer Tag.

*****

Georg stand auf der Rathenaustraße und starrte seit zwei Stunden zum Haus seines Vaters hinüber. Der unaufhörlich fallende Regen hatte seine Kleidung durchnäßt, der

Junge fror. Es brannte Licht in der Wohnung, die der Vater bewohnte, doch noch starrte Georg nur zum beleuchtenden Fenster hinauf, unfähig, seine Glieder zu rühren, nicht in der Lage, an der Haustür zu klingeln, die Stufen zur zweiten Etage hinaufzusteigen und dem Vater entgegenzutreten. Insgeheim hatte Georg erhofft, sein Vater möge ihm vor der Haustür begegnen und ihn von sich aus auffordern, ihm nach oben in die Wohnung zu folgen. Denn nichts vermochte Georg, wie er da im Regen stand, zu entscheiden. Zum ersten Mal war es ruhig in seinem Kopf; im Labyrinth der dunklen Höhle flogen die Fledermäuse nicht länger unruhig umher, sondern waren hinausgezogen in eine Nacht, die gleichfalls nur Finsternis bot. Tränen rollten über sein vom Regen benäßtes Gesicht. Alles in Georg war zum Erliegen gekommen.

Es war kurz vor Mitternacht, als er endlich die Kraft und den Willen aufbrachte, auf den Klingelknopf neben dem Namensschild seines Vaters zu drücken. Nichts rührte sich indes, und zaghaft schellte Georg noch einmal. Wieder wartete er, wieder lauschte er vergeblich auf den Summton des elektrischen Öffners. Was denn überhaupt sollte er dem Vater sagen? Der Jungen wußte es nicht. Es war nur ein Impuls, ein raunend sich vernehmlich machendes Blutsband, das ihn hergetrieben hatte. Abermals klingelte er, und jetzt endlich summte die Haustür und gab dem leisen Drücken nach. Georg, im Hausflur, betätigte den Schalter für das Licht und stieg langsam, den Kopf gesenkt, die Stufen hinauf.

„Du?" rief ihm der Vater von der Wohnungstür entgegen. „Weißt du eigentlich, wie spät es ist?"

Die Hose des Vaters stand offen am oberen Bund; augenscheinlich war sie sehr hastig angezogen worden. Außerdem trug der Mann, der Georgs Vater war, weder Strümpfe noch Hemd. Hinter ihm erschien eine Frau mit wirrem, blonden Haar, die eilig einen Morgenrock um ihre Schultern legte.

„Welcher Idiot schellt denn so spät?“ war ihre Stimme zu hören.

„Mein Sohn“, erwiderte der Mann in der Tür.

Georg war unterdessen auf der obersten Stufe stehengeblieben; sein Blick wanderte von seinem Vater zu der Frau, die nun hinzugetreten war, den Vater umarmte und sagte: „Komm, gehen wir wieder ins Bett!“

Sie küßte ihn auf die Wange, die unrasiert war – der Morgenrock rutschte, und Georgs Blick erfaßte eine hängende Brust.

„Sieh zu, daß du zu Oma kommst! Der werd‘ ich morgen was erzählen!“ sagte sein Vater, dann schloß sich die Tür.

Das Treppenhauslicht war lang schon erloschen, ehe Georg ein Glied zu rühren vermochte. Es war ein Fehler gewesen, den Vater noch einmal zu sehen.

*****

Georg kniete neben der Großmutter. Flecken sprenkelten das tote Gesicht. Als die Langspielplatte an ihrem Ende angelangt war, erhob sich der Junge, um eine andere auf den Plattenteller zu legen. Wie brütend, schwanger von Fäulnis durchzog der modernd schwelende Geruch der großen Katastrophe das Zimmer. Dennoch hielt Georg die

Fenster geschlossen. Einmal – Georg merkte nicht auf – klingelte es. Frau Grabloch vielleicht oder die alte Frau Pestel. Georg nahm das Rufen an der Türe nicht wahr. Aus ihm heraus verströmte das Leben, verflüchtigte sich, trug ihn sanft auf die andere Seite hinüber. Noch kniete er hier, atmete, hauchte sich aus. Noch rebellierte der Körper, der die Nahrung vermißte. Georg spürte es nicht, träumte sich statt dessen zurück in die Tage, da ihm die vertraute Gestalt der Großmutter in der Küche empfing, sobald er aus der Schule zurückgekehrt war; in jene so jäh entsprungenen Tage zurück, da ihre Stimme ihn umschloß wie ein wärmendes Tuch, das er sich wohlig um den Körper zog, um gegen alle Schmerzen, alle Zweifel und Anfeindungen, die seiner außerhalb harrten, gewappnet zu sein. Und wie er träumte, forderte das in ihm sprießende Leben längst sein Recht nicht mehr ein. Es zog sich zurück und gab den Jungen nun frei.

Hugo und der Tränenfresser

Emma und Klaus weinten wegen jeder Kleinigkeit. Weil das Essen zu heiß war. Weil das Essen zu kalt war. Weil die Butter auf ihrem Brot zu hart war. Weil die Butter zu weich war. Der Tee war entweder zu stark oder zu dünn, oder sie weinten, weil ihre Mutter Pfefferminztee gekocht hatte, Klaus und Emma zum Abendbrot aber lieber Hagebuttentee wollten. Klaus und Emma waren wahrscheinlich die größten Heulsusen der Welt.

Unter dem Tisch saß Zacharias Zährenbeiß, der Tränenfresser. Tränen waren sein Lieblingsgericht. Sobald Emma und Klaus zu weinen anfingen, lief ihm das Wasser im Munde zusammen.

„Tränen, lecker!" dachte er dann und ließ seine lange, rotgrün gestreifte Zunge aus dem Maul herauszischen, um die Tränen zu fangen, noch bevor sie den Küchenboden berührten. Niemand fing eine Träne so schnell und so geschickt wie Zacharias. Er war ein wahrer Meister seines Fachs.

Weil Klaus und Emma so viel weinten und grundlos so viele Tränen vergossen, wurde Zacharias dicker und dikker und dicker. Er wurde so dick, daß er kaum noch unter den Küchentisch paßte. Er mußte aufpassen, daß ihn dort niemand bemerkte. Denn sobald Eltern oder Kinder den Tränenfresser unter ihrem Tisch entdecken, löst er sich auf und wird zu einer Pfütze. Schließlich war Zacharias derart dick geworden, daß er vom Obertränenfresser einer anderen Familie zugeteilt wurde.

Hugo war ein ganz besonderer Junge. Er weinte nämlich nie.

„Ein Indianer kennt keinen Schmerz, und ein richtiger Junge weint nicht“, sagte sein Vater immer zu Hugo. „Weinen tun nur Babys.“

Hugo, der ein folgsames Kind war, hörte seinem Vater aufmerksam zu. Wenn er hingefallen war und sich das Knie aufgeschlagen hatte, biß er vor Schmerz die Zähne zusammen. „Au, au, au!“ rief er dann, aber er verkniff sich die Tränen.

Für Zacharias brachen schlechte Zeiten an. Weil Hugo niemals weinte, bekam Zacharias nichts mehr zu fressen. Er wurde dünner und dünner. Selbst wenn Hugos Mama Zwiebeln schälte, weinte sie nicht. Und Hugos Papa weinte schon gar nicht.

Zacharias knurrte der Magen. „Bitte! Bitte, bitte, bitte, nur ein einziges, winziges Tränchen!“ dachte er oft. So eine Familie wie die von Hugo hatte er noch nicht erlebt. Jeder Mensch weinte ab und zu, hatte er in der Tränenfresserschule gelernt. Hatten sie ihm in der Schule etwas Falsches beigebracht? Wehmütig erinnerte er sich an Emma und Klaus.

Eines Tages war Zacharias so dünn und schwach geworden, daß er fast durchsichtig war. Wenn er nicht endlich eine Träne zu essen bekäme, würde er bald sterben. Aber alle waren guter Laune, besonders Hugo, denn er hatte an diesem Tag Geburtstag und einen Flitzebogen und Pfeile von seinen Eltern bekommen.

Zacharias schlich mit letzter Kraft in den Garten hinaus und legte sich dort unter ein großes Gebüsch. Die Augen fielen ihm zu.

Hugo marschierte mit Pfeil und Bogen in den Garten hinaus. Wenn er ein guter Indianer werden wollte, mußte er üben, mit den Pfeilen das Schwarze in der Zielscheibe zu treffen. Das war aber gar nicht so einfach. Zisch! Machten die Pfeile und landeten im Stamm der kleinen Birke, in der Geburtstagtorte, die seine Mutter auf den Gartentisch stellte, und im Strohhut seines Vaters.

Hugos Papa lachte. „Morgen fahren wir in den Supermarkt, Zielwasser kaufen!"

Hugos nächster Pfeil sauste durch die Luft, verfehlte die Zielscheibe und landete im großen Gebüsch.

Der Pfeil war nicht leicht wiederzufinden. Hugo suchte auf allen vieren nach ihm, als er ... plötzlich Zacharias entdeckte!

Hugo stutzte. Ein Wesen, das so erbärmlich aussah wie Zacharias, hatte er noch nie gesehen. Hugo wurde traurig.

„Was ist mit dir?" fragte er Zacharias.

Der hob ein ganz kleinwenig die Lider und sagte: „Nichts. Laß mich. Ich sterbe."

„Nein, nicht! Du darfst nicht sterben!" rief Hugo, und weil Zacharias' Anblick ihn so traurig machte, kullerte plötzlich eine dicke Träne über seine Wange. Erst eine, dann eine zweite und schließlich ein ganzer Sturzbach von Tränen. Zum ersten Mal, seit er ein Baby gewesen war, heulte Hugo. Nicht weil er sich wehgetan hatte oder weil ihm der Tee zu heiß oder zu kalt gewesen wäre, sondern aus Mitleid.

Eine besonders dicke Träne fiel Zacharias direkt in den Mund. Seine Zunge bewegte sich wieder, die – schwups! – eine weitere Träne auffing, noch bevor sie den Boden erreichte.

„Endlich! Tränen!“ dachte Zacharias und aß sich ordentlich satt. Bald kehrte auch seine Farbe zurück.

An diesem Tag schlossen Hugo und Zacharias Freundschaft miteinander. Hugo war sehr stolz. Im Kindergarten gab es Mella, die eine Katze hatte, und Bernd, der einen Dackel besaß. Aber keines der Kinder hatte ein so aufregendes Tier wie einen Tränenfresser zu Hause!

Daß fortan wieder ein Tränenfresser unter dem Küchentisch saß, blieb das Geheimnis von Zacharias und Hugo.

Hugo hatte gelernt, daß es ganz in Ordnung war, wenn man ab und zu weint. Man mußte deshalb noch lange nicht so eine Heulsuse sein wie Emma und Klaus. Weinen hat nämlich auch sein Gutes. Man fühlt sich anschließend ein kleinwenig besser, und Zacharias Zährenbeiß, der Tränenfresser, mußte nie wieder hungern.

Trigger Happy

Als Spiff mit Darophelia zur Bandprobe erschien, wußte ich sofort, es würde Ärger geben. Jedesmal brachte er eine seiner zahlreichen Weibsbilder mit, und immer gab es ihretwegen Streit. Wir waren Musiker, und eine gutaussehende Frau machte uns high und meistens auch unmusikalisch. Hundertmal schon hatten wir Spiff deshalb gebeten, ohne Anhang zur Probe zu kommen. Er hielt sich nie daran und setzte sich über uns andere hinweg. Er gehörte zu der Sorte, die von den Frauen umschwärmt wird, und ich hatte es aufgegeben, mich zu fragen, warum das so war. Aber wie sollte ich ahnen, daß wir uns durch Darophelia derart höllische Schwierigkeiten einhandeln würden? Schlimmer noch: das Ende der Band!

Spiff schenkte uns sein glänzendes Lachen – das Lachen eines Kerls, der weiß, daß ihm nichts auf der Welt etwas anhaben kann. Strahlende Jugend blitzte im perfekten Schmelz seiner Zähne.

„Hi!" griente er, und seine helle Stimme durcheilte als geflügelte Spinne den Raum. „Daro, das sind die Jungs von der Band – Jungs, das hier ist Daro, die Quelle meiner Kraft und Inspiration!"

Sie grüßte unbestimmt in unsere Richtung, ihre Augen hingen an Spiff. Nach einer Sekunde der Unschlüssigkeit steuerte sie den ramponierten Cocktailsessel an, der sich unmittelbar neben den Gitarrenverstärkern befand. Ich bemühte mich um Gleichgültigkeit, schließlich waren wir nicht irgendwer, sondern eine Band mit einem Major-Deal, vor drei Monaten war unsere erste Platte erschienen, und wir befanden uns auf dem direkten Weg an die Spitze.

Zumindest glaubten wir das. Spiff würde die Sache schon schaukeln, er komponierte die Songs.

Doch ich schaffte es an diesem Tage nicht, die Saiten meiner Gitarre zu wechseln. Die Hände gehorchten mir nicht. Darophelias Anwesenheit machte mich völlig verrückt. Die Blicke ihrer grünen Augen paralysierten mich wie ein tropisches Gift. Es war noch schlimmer als sonst – ich war nicht imstande, mich zu konzentrieren oder normal zu benehmen. Darum war es nutzlos, gleichgültig und gelangweilt zu tun.

Den anderen erging es nicht anders. Wir alle stierten sie an. Rain, Allen, Dragan und ich glotzten wie Stiere, kurz bevor der Torrero ihnen einen weiteren Stoß mit dem Degen verpaßt: stolz, aber auch die Ahnung um den eigenen, nahen Tod schon im Blick.

Darophelias langes rotes Haar wirkte wie ein Waldbrand auf mich, ihr ganzer Körper schien buchstäblich in Feuer getaucht. Mühsam unterdrückte ich den Wunsch, vor ihr im besten Licht zu erscheinen. Die harte, hektische Form der Geschlechtertreibjagd war nicht mein Fall – schon gar nicht mit einem Konkurrenten wie Spiff in der Nähe. Ich wollte weiter nichts als ein halbwegs passabler Musiker sein und eine zweite CD mit meinem Namen darauf. Nichts weiter als ein wenig Erfolg nach all der Plackerei, die hinter uns lag. Aber statt dessen begann ich, Daro in ein Gespräch über Szene-Kneipen zu verstricken. Noch schlimmer: Ich versuchte witzig zu sein. Rain warf mir einen seltsamen Blick zu, aber er konnte mich mal! Ich war seit dreißig Sekunden entmündigt und nicht mehr verantwortlich für das, was ich tat. Die Begierde machte mich blind.

Eine Ewigkeit später fingen wir an, uns warmzuspielen. Dragan hinter seinem Schlagzeug gab uns den Takt vor, Rain und ich fielen ein. Dann setzte Allens tiefe, makellose Stimme an, einen Song vom großen P.J. Proby zu intonieren, doch diesmal war es abscheulich, wir lagen mit der Tonart daneben. Aber alles war besser, als Spiff und Daro miteinander flirten zu sehen.

Tati, unsere Managerin, war eine windschlüpfrige Person mit grellen Dreadlocks auf ihrem Kopf. Mit Unterstützung der Plattenfirma hatte sie uns einen Fernsehauftritt zur Prime Time verschafft. In den Wochen zuvor waren wir unermüdlich auf Achse gewesen und hatten das halbe Land mit Konzerten versorgt. Wir spielten in übel beleumdeten Clubs vor einem zumeist betrunkenen Pulk gelangweilter Geister und verbrachten die Nächte im Bus. Nur die Aussicht auf unseren Fernsehauftritt gab uns die Kraft, den Alptraum von Tour zu durchstehen. Es war seltsam genug: Daro war immer dabei. Sie und Spiff schienen einfach unzertrennlich zu sein. Die Atmosphäre innerhalb der Band wurde nicht besser dadurch. Tati kam kaum damit nach, die dauernden Zwistigkeiten zu schlichten, die zwischen uns herrschten. Jeder von uns anderen achtete verbissen darauf, auch einmal in Daros Nähe zu kommen und wurde unterdessen von Eifersucht und Mißgunst zernagt. Wir waren humorlose Kinder, in unseren zu Schlitzen verengten Augen glitzerte böse die Lust.

Als der TV-Gig unmittelbar bevorstand, waren wir krank und halb wahnsinnig aus Furcht zu versagen. Am schlimmsten hatte es ausgerechnet Spiff und Allen erwischt. Aber im Vergleich zu Spiff, der, bleich und blutleer, jammernd auf dem Boden der Garderobe lag und sich weigerte, von der Visagistin sein Make-Up zu bekommen, strotzte Allen fast vor Vitalität – auch wenn er sich soeben auf der Toilette erbrach.

Spiff jedoch hatte es wirklich erwischt. Meiner Meinung nach stand er direkt auf der Schwelle vom Leben zum Tod. Merkwürdigerweise schien das niemand außer mir zu erkennen. Dragan meinte, ich hätte eine theatrale Manie und bräuchte als einziger von allen einen Arzt.

Tati gab Spiff eine Pennywhite zu schlucken, ein kleines, pinkfarbenes Ding, eine synthetische Droge, die neben Pommes Frites und Pils für uns zur täglichen Nahrung gehörte. Es war nicht ihr Fehler, daß es Spiff bis zu den Toiletten nicht schaffte. Vor dem Büro des Sendeleiters ging er in die Knie und leerte sich aus. Der hörte Krach vor seiner Tür, stand auf und lief Spiff über die besudelten Hände. Er schien nicht begeistert zu sein von dem Typen vor ihm am Boden, der sich auf dem Teppich erbrach. Er war Sendeleiter, wußte nicht viel vom Rock`n`Roll-Circus und konnte uns Kerle nicht ausstehen.

Tati zuckte tapfer mit den Schultern. Was sonst sollte sie tun? Wichtig war es, Spiff für den Auftritt hinzukriegen.

Als beide in die Garderobe zurückkamen, wo eine inzwischen desillusionierte Visagistin lustlos an Dragans Narbengesicht herumkleisterte, blieben uns noch knappe zwei Minuten bis zur Show. Spiff sah deutlich besser aus. Tatis Heilkunst zeigte Erfolg. Allen trainierte seine Stimmbänder, was vollkommen unsinnig war. Für die Sendung kam unser Titel vom Band. Nichts beim Fernsehen ist live.

Wir liefen auf die Bühne, ins Scheinwerferlicht, und Spiff verdrehte noch einmal die Augen.

„Daro, sie...“, würgte er schwer, so als werde sein Körper von mindestens tausend Nadeln verbrannt. „Sie...“

Er sprach nicht zuende, denn Tati gab ihm einen Schubs.

„Heißa, da sind wir!“ flüsterte ein euphorischer Rain. „Wo ist der Ruhm?“, und Spiff erwies sich als Profi und grinste gelassen in Kamera vier.

Der Moderator der Sendung, der als neuer Quotenkönig fungierte, begrüßte uns mit einer archaischen Floskel. Dann stellte er uns vor: „Trigger Hippy!“ sagte er – wir zuckten zusammen, alle fünf zur selben Zeit. Der Clown wollte uns ruinieren, lächerlich machen. Er feixte uns bösartig an.

Als der Vorapplaus erscholl, sehr höflich und artig, sehr kultiviert, stand plötzlich Rain neben ihm. „Trigger HAPPY, du Arschloch!“ zischte er böse und sabberte dem Tropf aufs Jackett.

Um ihren Moderator zu retten, spielten sie hastig das Playback-Band ein, aber wir waren gewitzt genug und reaktionsschnell dazu – innerhalb von Sekundenbruchteilen stand jeder an seinem Platz. Tati hatte uns auf solche Fälle vorbereitet.

Allen tat, als schmelze er vom febrilen Klang seiner eigenen Stimme dahin, die kleinen Mädchen draußen im Lande würden ihn lieben. Sie würden seine Kleider, sein Haar, seine Sensibilität bewundern und womöglich unsere Platte kaufen. Wenn Spiff durchhielt, würde alles gut.

Vier Minuten dauerte der Song, wirklich nicht zuviel verlangt, selbst ein tödlich Verwundeter hält eine solche Spanne in der Regel noch durch.

Der Titel unseres Songs lautete *I Can't Make It Alone* und war einmal als Spaß gedacht gewesen, entstanden in einer schwachen Stunde, als wir während der Aufnahmen zur CD im Tonstudio betrunken herumalberten. *I Can't Make It Alone* war eine altmodische Schnulze, die schlimmste seit *The Little White Cloud That Cried* von Johnny Ray, nach dem albernen Schema Strophe-Refrain, Strophe-Refrain. Komisch genug, aber der Song wurde von den Radiosendern gespielt.

In der vierten Strophe, passend zur Zeile *I get down on my knees*, ging Spiff wie eine gefällte Eiche zu Boden. Von Helfern wurde er von der Bühne getragen. Aber bis endlich ein Rettungswagen eintraf, hätte man ein Kind großziehen können. Kein Mensch legte seinetwegen Eile an den Tag. Das Publikum im Saal reckte die Hälse.

Rain und Allen waren auf der Bühne geblieben. Sie stritten mit dem Einschaltquotenkönig herum.

„Ich nehme an, das gehört zu eurer Show", quäkte der Kerl und meinte die Sache mit Spiff. „Wem wollt ihr damit imponieren? Wer fällt auf eine so billige Nummer noch rein?"

Rain blickte träge an ihm vorbei, drehte sein Gesicht zur Kamera und schickte eine Predigt hinaus in das Land.

„Wir sind Künstler!" sagte er. „Mit uns kann man keine Scheiße machen! Wir haben uns etwas Achtung verdient! Dazu gehört, daß ein Fernsehfaxe unseren Namen richtig ausspricht! Wir sind TRIGGER HAPPY!!! Vielleicht sogar die besten im Land...!"

Zwei weitere Helfer packten ihn und zerrten den guten, alten Rain hinter die Kulissen. Daß er die Nase des einen mit der Stirn zu Trümmern zermalmte, rettete den Auftritt nicht mehr.

Tati war inzwischen zu Spiff in die Klinik gefahren. Mißmutig trieb ich mich in der Garderobe herum. Aber weder Dragan noch Rain oder Allen tauchten dort auf. Später erfuhr ich, daß man sie der Polizei anvertraut hatte. Wirklich ein gelungener Gig! Schließlich machte ich mich allein auf den Weg ins Hotel.

Wenn Spiff auch häufig unerträglich war, ein Zeitgenosse, bei dem es schwerfiel, ihm ein wenig Sympathie entgegenzubringen, so machte ich mir dennoch Sorgen um ihn.

Im Hotel empfing mich grinsend ein feister Portier. Ich weiß nicht, was ihn veranlaßte, mir auf die Nerven zu gehen.

„Zimmer 512“, sagte ich höflich. „Bitte den Schlüssel.“

„Ich hab‘ euch im Fernsehen gesehen“, erwiderte er. Er machte keine Anstalten, nach dem Schlüssel zu greifen.

„Den Schlüssel, bitte!“ wiederholte ich sanft und blickte auf eine kleine Palme im Eck bei der Bar, die nach etwas Wasser und Sonnenlicht gierte.

„Habt euch nicht mit Ruhm bekleckert, was?“ sagte gedehnt der Portier. „Schätze, die Karriere ist jetzt passé.“

„Die Palme da braucht dringend mal Wasser“, erwiderte ich. Und nach einer Pause, in der er mich haßerfüllt ansah: „Sonst geht sie hier ein.“

In der menschenleeren, hellerleuchteten Hotelhalle standen wir feindselig einander gegenüber: ein Portier mit ranziger Laune, bis oben voll Scheiße und Intoleranz, und ein Gitarrist einer Band, deren Zukunft plötzlich ungewiß war. Nur die Empfangstheke hielt uns davon ab, uns gegenseitig an die Kehle zu springen.

„Ich persönlich finde eurer Gejaule zum Kotzen!“ brach er die Stille, so als ziehe jemand in einem Zimmer, das seit Urzeiten als unbewohnt gilt, eine Schublade auf, um sie voller frischer Exkremente zu finden. Er hatte es wirklich drauf, meine Laune mit Schmutz zu bewerfen. Der Kerl war ein mieser Sadist.

„Ich wette, ihr könnt nicht einmal Noten!“ legte er nach.

Statt einer Antwort öffnete ich den Schlitz meiner Hose und holte ihn raus. Das Notenlesen hatte ich tatsächlich niemals gelernt. Ich tat, als hätte ich vor, sein Hotel zu versauen.

„Hier ist der Schlüssel!“ beeilte er sich. „Benutz gefälligst die Toilette, du Schwein!“

„Gute Nacht!“ sagte ich nur.

Ich spürte ihre Anwesenheit, noch ehe ich den Lichtschalter umgelegt hatte. In flammenden Wellen floß das rote Haar den Hals hinab und umströmte die Schultern. Wenn so etwas möglich war, würde ich schwören, sie war noch schöner, noch geheimnisvoller geworden.

Sie saß auf der Kante eines Sessels am Fenster und trug ein kurzes, grünes Kleid. Ich hatte Mühe, meine Erregung unter Kontrolle zu halten. Ich wollte diese Frau! Ich wollte sie besitzen und Sex mit ihr haben, und wenn es mein Leben kosten würde.

„Okay, wieder ausatmen!“ sagte sie leise und brachte damit die Luft im Zimmer zum Flirren.

Ich blieb regungslos stehen, spürte das Blut in meinen Adern pulsieren, jede weitere Bewegung so unmöglich wie ein Ausflug zu einem anderen Planeten. Und die ganze Zeit über war ich mir völlig im klaren, daß ich wie ein Idiot auf sie wirkte – wie ein flugunfähiger Vogel, der urplötzlich feststellt, daß er aufgrund eines seltenen Zaubers über dem Erdboden schwebt und vor Schreck über diese unvermutete Erkenntnis gelähmt ist.

„Wie geht's ihm?“ fragte Daro. „Wie ist es gewesen?

Da ging mir ein Licht auf. Ich wußte, Daro hatte ihre Hände im Spiel, irgend etwas war nicht normal. Weshalb war sie ausgerechnet heute nicht an Spiffs Seite gewesen?

Ich setzte mich aufs Bett, die Gedanken in meinem Kopf ohne jede Ordnung und das Gefühl in der Brust ein LKW mit gefährlicher Ladung, der führerlos in ein Wohngebiet rast. Alles, was ich endlich hervorbrachte, war: „Wie bist du hier hereingekommen?“

„Wie geht es Spiff?“ fragte sie erneut, der Klang ihrer Stimme eine Spur zu spitz. Ungeduld zuckte zornglühend in ihrem Blick, den sie wie einen Enterhaken festmachte in meinem Gesicht, als wäre sie willens, mir Schmerz zuzufügen, falls ich nicht augenblicklich antworten würde.

„Ich glaube, es gibt ihm wirklich sehr mies“, mühte ich mich. Und weinerlicher: „Ich bin nicht einmal sicher, ob er die Nacht übersteht.“

„Laß gut sein, das Dramatische steht dir nicht zu Gesicht“, erwiderte sie. „Er *wird* es überstehen. Was mich interessiert: Hatte er noch die Handschuhe an?“

Ich starrte sie an. Spiffs schlechter gesundheitlicher Zustand schien sie nicht zu bewegen. Woher nahm sie die Gewißheit, daß er es überleben würde? Die Frage nach den Handschuhen aber stieß mir damals nicht sonderlich auf. Spiff trug sie ständig. Wie er sagte, um seine Finger zu schonen.

„Ja, sicher, er trägt sie noch immer“, war meine Antwort. „Ich hab‘ ihn seit Wochen nicht mehr ohne gesehen...“

Was anschließend geschah, weiß ich nicht mehr. Anstelle der Erinnerung befindet sich in meinem Kopf nur ein Loch. Ich erwachte gegen Mittag, die Sonne lugte gutmütig zum Fenster herein, die Welt hatte sich scheinbar im Griff. Undeutlich geriet mir Darophelias nächtliche Anwesenheit in den Sinn. Fünf Minuten später diagnostizierte ich die gewaltigste Erektion meines Lebens. Zur Sühne machte ich mich auf, Spiff zu besuchen. Ich telefonierte die Krankenhäuser an. Im dritten bereits wurde ich fündig. Zuvor, im Spiegel, hatte ich rote Bläschen auf meinem Körper entdeckt. Sie begannen zu jucken.

Auf dem Weg zu Spiff befiel mich eine traurige Stimmung. Andererseits tobte eine freudige Aufgeregtheit quer durch mein Herz, und seit langer Zeit begann ich wieder einmal, auf die Menschen in den Straßen zu achten. Doch aus dem Staunen wurde Bestürzung. Ein Wagen blieb unvermutet auf der Straße stehen. Die Fahrerin, eine Aschenputtelblondine, kletterte in ihrem weiten, mit Fransen geschmückten Kleid wie ein Kobold heraus und legte sich längs ihres Autos auf das Trottoir. Angst vor Hundekothaufen jedenfalls hatte sie nicht.

Sie machte ein wildes, angespanntes Gesicht, ich glaubte, sie benötigte Hilfe, eine Insulinspritze oder etwas in der

Art. Als ich auf sie zuschritt, bellte sie jedoch ohne Vorwarnung los.

„Was ist? Noch nie `ne ganze Frau gesehen? Oder ist es verboten, auf dem Fußweg zu liegen, du Penner?“

Ich war ziemlich perplex und stob wie ein Schulkind davon, das man beim Klingelmännchen machen erwischte.

„Hüte dich!“ rief sie mir nach. „Hüte dich, hörst du?“

Als ich das Krankenhaus erreichte, badete mein Körper in Schweiß.

Ich betrat Spiffs Zimmer und bekam einen Schock. Ich mußte mich am Bettrahmen stützen, um nicht zu Boden zu gehen. Sein Lächeln hatte etwas Furchteinflößendes bekommen, so daß sein ursprünglich schönes Gesicht zur Visage verkam. Mühsam richtete er sich in den Kissen auf. Er starrte mich an, fassungslos, wollte mir scheinen, die Pupillen auf unnatürliche Weise geweitet. Spiff war über und über von roten Pusteln entstellt.

„Gefährte, du siehst mitgenommen aus“, sagte ich so heiter wie möglich und wußte, der Tod hatte ihn bereits bei den Händen gepackt.

„Es wurde Zeit, daß du kommst“, erwiderte er. „Ich habe Wichtiges mir dir zu besprechen.“

Mir aber standen die Haare zu Berge. Das, was ich soeben gehört hatte, war nicht mehr die Stimme von Spiff! Dieses Kratzen, dieses gräßliche Schürfen darin – unmöglich konnte ich es mit dem Bandleader von Trigger Happy in Verbindung bringen. Es hörte sich an, als wäre der gute Spiff von einem hospitalistischen Dämon besessen, der mit der Stimme der Hölle zu mir sprach.

Spiff bemerkte meine Panik, natürlich. Er sagte: „Erschrick nicht. Ich selbst bin jedenfalls darüber hinweg. Ich habe einen hohen Preis gezahlt und rede mir ein, es hat sich gelohnt. Die ganze Sache ist zu schrecklich, daß ich – ausgerechnet ich! – beurteilen könnte, ob sie es wert war oder nicht. Aber es ist nicht zu ändern: Ich werde sterben. Hat sie dir erzählt, ich würde es nicht? – Das hat sie auch zu mir gesagt, und jetzt sieh mich an! Aber setz dich. Ich kläre dich auf. Obwohl ich fürchte, es wird dir nicht helfen..."

Ich schwankte zum einzigen Stuhl in dem weiß gestrichenen Raum und nahm ungelenk Platz. Spiffs abscheuliche Stimme setzte mir zu, ich hätte liebend gerne gekotzt.

„Getroffen hab' ich sie anläßlich eines Interviews. Sie begegnete mir auf einem der schmalen Korridore, und du kennst mich: Auf der Stelle sprach ich sie an.

Anfangs lief die Sache wunderbar. Ich glaubte schon, wirklich einmal an die Richtige geraten zu sein, an eine Frau, die mich zu halten versteht. Sie achtete auf die richtige Distanz zwischen uns und ließ mich lange nicht ran. Als es dann endlich so weit war, nachdem wir also die erste Nacht miteinander verbrachten, traten diese Pusteln auf. Ich schenkte ihnen zunächst keine Beachtung. Aber sie begannen zu jucken, frag mich nicht, wie."

Spiffs Bericht war kurz und beängstigend, aber er war nicht grauenhaft im eigentlichen Sinne. Vielmehr kam der Schrecken schleichend einher, und erst später, als ich bereits wieder ins Hotel zurückgekehrt war, wurde mir die Tragweite seines Berichtes bewußt.

Wie erwähnt, hatte er die Pusteln zum ersten Mal nach der gemeinsam verbrachten Nacht auf der Brust und den Händen entdeckt. Nach und nach vermehrten sie sich, am ganzen Körper traten sie auf, doch waren die Hände von Anfang an am stärksten betroffen. Spiff legte seine Handschuhe nur zum Schlafen noch ab. Als er endlich beschloß, einen Arzt aufzusuchen, weil das Jucken nicht mehr auszuhalten war, erhielt er eine Auskunft, die ihn überraschte: Es handelte sich nicht etwa um ein allergisch bedingtes Ekzem, wie er vermutet hatte, sondern um winzige Verbrennungen, die seinen Körper nun schon fast wie ein Tuch überzogen.

„Verstehst du?“ fragte er krächzend. „Ihr Körper – er ist buchstäblich in der Lage, deine Haut zu versengen. Jedesmal, wenn ich sie mit meinen Händen berührte, habe ich mir im wahrsten Sinne des Wortes die Finger verbrannt!“

„Aber wieso denn?“ rief ich entsetzt. „Was denn gewinnt sie dabei?“

„Was sie dabei gewinnt?“ wiederholte er meine Frage, als hätte ich etwas ausgesprochen Dummes gesagt. „Aber sie lebt ja davon! Sie ist eine Hexe, vielleicht auch etwas Schlimmeres. Jedenfalls ist nichts Menschliches an ihr!“

Etwas in mir machte knack. Ich konnte es hören. Mit einem fast schon hysterischen Ton in der Stimme bohrte ich weiter:

„Aber warum hast du dich denn nicht von ihr getrennt? Warum hast du weiterhin mit ihr geschlafen, obwohl du wußtest, du setzt damit dein Leben aufs Spiel?“

„Ich... konnte nicht aufhören“, sagte Spiff leise. Er war kaum zu verstehen. Es hatte den Anschein, als kehre sein Bewußtsein in seinen ursprünglichen Zustand zurück, doch dieser Eindruck währte nur kurz.

„Es war wie eine Sucht, unmöglich, mich abzuwenden von ihr, sie fallen zu lassen. Selbst wenn ich es gewollt hätte: Daro diktierte die Regeln. Morgens konnte ich mich nicht einmal erinnern, tatsächlich mit ihr geschlafen zu haben. Undeutlich entsann ich mich nur, die Lust in einem Maße ausgekostet zu haben, wie es den Menschen nicht vorherbestimmt ist. Ich erwachte mit der Vermutung, man hätte mich in der Zeit, während ich schlief, in den Himmel erhoben, um mich von Unvorstellbarem kosten zu lassen. Wachte ich auf, ließ mich das unaufhörliche Jucken verzweifeln. Und schließlich kam etwas anderes hinzu. Ich begann, mich schwächer zu fühlen. Mir wurde schwindelig, konnte mich nicht mehr auf den Beinen halten. Die Ärzte haben mir inzwischen alles mögliche diagnostiziert, im Grunde aber rätseln sie alle."

Ich war aufgestanden, um aus dem Krankenzimmer zu flüchten. Ich war wie betäubt und mußte hinaus.

Als ich die Tür erreichte, sagte Spiff: „Es tut mir leid für euch Jungs. Wir waren eine gute Band. Wir wären bis nach ganz oben gekommen, nicht wahr?"

Ich blickte ihn an, in sein deformiertes, schon totes Gesicht, auf dem weiter nichts als Ergebenheit in das eigene, entglittene Schicksal abzulesen war. Mein Haß auf Spiff verwandelte sich für einen Augenblick in aufrichtiges Mitleid.

„Vermutlich wären wir das", bekräftigte ich, um ihn nicht zu enttäuschen. „Bestimmt sogar", setzte ich nach.

Lautlos schloß ich die Tür und wankte zum Ausgang.

Vor dem Fenster meines Hotelzimmers stand ein Kastanienbaum. Seit einer guten Stunde beobachtete ich einen verfetteten Vogel, der es sich im Gezweig bequem gemacht hatte und einen monströsen Gesang von sich gab.

Ich schenkte ihm deshalb so viel Aufmerksamkeit, weil ich mich nicht entsinnen konnte, jemals von einem solchen Exemplar gehört zu haben. War diese spezifische Art womöglich unentdeckt geblieben und noch von keinem Ornithologen bestimmt und katalogisiert? Der Zyklus meiner wirren Überlegungen über die heimische Vogelwelt endete abrupt, als er vornüber kippte und bewegungslos zu Boden fiel. Ich rannte hinaus. Als ich niederkniete, um den Kadaver im Schatten der Kastanie zu berühren, zerfiel er zu Staub.

Ich eilte auf mein Zimmer zurück und betrachtete mich lange im Spiegel. Ich ließ Wasser in die Badewanne laufen und legte mich hinein, um das bösartige Jucken zu mildern. Die Unruhe lag wie ein dunkler Spuk auf meinem Gemüt, und allmählich wurde mir bewußt, daß ich auf sie wartete.

Als es dunkel geworden war, befand sie sich plötzlich im Raum. Im Halbschatten erkannte ich ihre an den Türrahmen gelehnte Gestalt.

Scheinwerfer vorüberfahrender Autos erhellen in unregelmäßigen Intervallen das Geviert meines Zimmers. Dann fällt es in die Dunkelheit zurück. Ich fühle mich schwach. Ich habe weder die Kraft noch den Willen, mich auf den Beinen zu halten. Dann und wann werde ich von heftigen Anfällen geschüttelt und ins Kissen gepreßt. Meine Stimme hat sich so stark verändert, daß ich fast immerzu schweige. Gestern hat mich die Nachricht vom Tod Allens erreicht. Zuletzt hatte ich ihn auf der Beerdigung von Dragan gesehen. Darophelia aber scheint wie vom Erdboden verschluckt. Fast ist es, als habe es sie niemals gegeben.

Der Fernseher läuft. Ich überwache den Musikkanal, jetzt schon seit Tagen, gönne mir kaum eine Pause. Ich warte auf sie.

Vor drei Tagen zeigten sie das Video einer Band namens *Black Fortune*. Der Sänger war einer dieser gutaussehenden Typen, die das Leben goutiert. Die Band hatte einen guten Song und stand an der Schwelle zum Ruhm.

Der Frontmann hatte einen erschreckenden Eindruck gemacht. Das Lächeln in seinem Gesicht wirkte gequält, so als attackierte ihn eine Krankheit, die den Ärzten unbekannt war. Mit schwarzen Lederhandschuhen griff er nach dem Mikrophon und wandte sich unversehens um, wo sich die Backgroundsängerinnen zum Rhythmus des Liedes beweg-ten. Ich erkannte sie sofort. Ihr rotes Haar leuchtete wie ein Buschbrand vor der Kulisse des Kilimanscharo. Es war kitschig und bestürzend zugleich.

Einem Impuls folgend, schloß ich die Augen, um mich auf den Text des Lieds zu konzentrieren. Ich war nicht überrascht, als die Worte des Refrains in mein Bewußtsein drangen:

> I'm so happy, sick and ill
> Trigger happy
> Love can kill

Der arme Junge am Mikro sang sich die Seele aus dem Leib. Er sang gut und hatte eine fabelhafte, wiedererkennbare Stimme. Es war wirklich schade um ihn.

Nackte Tatsachen

Der Schrecken liegt im Detail, gar keine Frage.

Du küßt sie
– wie immer.
Deine Hand gleitet zu ihren Schenkeln hinab
– wie immer.
Du läßt die Hand zwischen ihre Beine gleiten
– wie immer.
Schiebst sie in ihren Slip
– wie immer.

Und plötzlich ziehst du die Hand
erschrocken und starr vor Entsetzen zurück.

„Mein Gott!“ schreist du los.
„Mein Gott, was um Himmels willen
hast du getan?“

„Ich hab‘ mich unten rasiert“, antwortet sie.
„Was ist? Gefällt es dir nicht?“

Ich starre panisch auf meine Hand,
als hätte ich soeben eine glühende
Herdplatte berührt.

Ich kann es nicht fassen,
Hitze durchpulst meinen Körper
wie siedendes Wasser die Leitungen
einer Espressomaschine.

Ich atme ein, atme aus
– aber es hilft nicht.
Laut wie ein Düsenjet,
der gerade die Schallmauer durchbricht,
brülle ich los:
„Natürlich gefällt es mir nicht!
Du amputierst Teile deines Körpers
und erwartest, daß es mir auch noch gefällt!?“

„Reg dich ab!“ entgegnet sie ruhig,
greift nach einer Frauenzeitschrift
und hält den Fall für gegessen,
während ich fürchte,
daß mir vor lauter Aufregung und Entsetzen
die Herzkammern platzen.

Ich zünde mir zitternd eine Zigarette an
und fixiere sie kalt wie ein Arzt,
der eine besonders widerliche
Verstümmlung
begutachten muß.

„Los!“ sage ich.

„Was – los?“ fragt sie gespielt gelangweilt zurück.

„Zieh dich aus! Ich will es sehen.“

„Ich denke, es gefällt dir nicht...“

„Eben. Und deshalb hab‘ ich ein Recht, es zu sehen.“

Sie legt die Zeitschrift beiseite,
hebt den Rock,
zieht ihren rosafarbenen Slip aus.

Tatsächlich.
Meine Hand hat richtig gefühlt.
Sie ist nackt und kahl
zwischen den Schenkeln.
Eine Luftmatratze könnte
nicht nackter erscheinen.

„Oh Gott!“ stöhne ich auf.
„Oh Gott, oh Gott, oh Gott!!!“

„Na, komm“, fängt sie an.
„So schlimm ist es nun auch wieder nicht...“

„Nicht schlimm!?“
platzt es aus mir heraus.
„Weißt du eigentlich, was das bedeutet?
Weißt du eigentlich, was du getan hast?“
frage ich sie.

„Wir beide, du und ich
– wir werden keinen Sex mehr
miteinander haben!
Ich hoffe, das ist dir klar...“,
erkläre ich ihr
gefährlich gefaßt,

und fette Tränen verstellen mir den Blick
auf ihren verstümmelten,
gerodeten Garten.

„Ach, komm“, erwidert sie,
„reg dich nicht auf!
Geh mal runter mit dem Mund.
Ist jetzt alles absolut weich.“

„Ich soll *da* runter? Mit meinem *Mund*?
Hast du sie noch alle?
Ich bin doch nicht pervers!!!“

„Was hat denn das mit pervers zu tun?
Nun mach aber mal’n Punkt!“

„Ich will dir sagen, was daran pervers ist“,
schimpfe ich los.
„Kinderschänder stehen auf so was,
verstehst du?
Typen, die eigentlich lieber
auf Zehnjährige klettern,
bitten ihre Frauen darum,
sich da unten
zu rasieren.
Und?
Seh‘ ich etwa wie ein gottverdammter
Pädophiler aus? Hä?
TU ICH DAS VIELLEICHT??“

„Schon gut, schon gut“, zirpt sie mir zu.
„Ich hatte keine Ahnung,
daß du derart heftig reagierst.
Wir saßen bei Roswitha,
und Monika erzählte, sie hätte sich unten rasiert.
Irgendwie hab‘ ich gedacht,
das probiere ich
auch mal.“

„Gut. – Sex gibt’s jedenfalls keinen mit mir.
Nicht, bis der Urwald wieder nachgewachsen ist.“

„Ich kann auf Sex locker verzichten“,
blafft sie, nun ebenfalls verärgert, zurück.

„Ich auch“, hör‘ ich mich sagen,
bin ich mir aber gar nicht so sicher.

Aber Herrgott noch mal,
ich liebe sie, weil sie in den Dreißigern ist,
eine richtige Frau mit einer richtigen Mumu.
Ich brauch‘ keine Vorstellungen von Teenager-Muschis,
um in Stimmung zu kommen.
Ist das so schwer zu verstehen?

Zwei Tage vergehen, ich berühre sie nicht.
Wenn sie unter der Dusche steht
und ich zufällig ins Badezimmer marschiere,
senke ich den Blick
oder schaue zur Decke hinauf.

Drei weitere Tage vergehen,
und meine Laune ist die eines Skinheads,
dem ein Schwarzer ans Hosenbein pißt.

Sie merkt es. Natürlich.
Die Soße läuft mir schon zu den Ohren heraus
und besudelt den Teppich.

„Und?“ fragt sie.
„Kannst du noch immer
locker verzichten?“

Ich blitze sie an,
sage „Warte!“
und renne in den Keller hinab.

Ich durchwühle sämtliche Ecken,
dann habe ich endlich gefunden,
wonach ich gesucht hab‘.

Als ich zurückkomme,
schaut sie mich an,
als hätte nun wirklich mein Verstand ausgesetzt.

„Nein. Niemals!“ sagt sie
und schüttelt den Kopf.

„Aber warum denn nicht? Es geht doch nur um das
Gefühl!“

„Du bist krank! Wirklich! Bei so was mach‘ ich nicht mit!“

Und ich...

...ich blicke traurig
auf das zu einem Dreieck zurechtgeschnittene
schwarze Stück Teppich
und auf den Kleber in meiner Hand
und hab‘ keine Ahnung,
nicht den leisesten Schimmer,
wieso Frauen
so unglaublich
hartherzig sind.

Regenwurm

Fahlblaue Augen,
in denen noch ungesungene Melodien
wie Paradiesvögel schwirrten.
Schwarze Mähne
und Brüste wie Bälle,
die man nur noch auffangen mußte,
um für immer
zufrieden und glücklich zu sein.

Und ihr Lachen
sirrte wie ein Pfeil durch den Raum,
galt eindeutig mir
und niemandem sonst.

Als sie mich ansprach,
war es,
als lade ein Vogel den Regenwurm ein,
seine Mahlzeit zu sein.

Und der Regenwurm lachte
und spendierte dem Vogel `nen Drink.

Geschenkt

Manchmal
sind die Tage zärtlich zu dir
und stecken dir eine Blume
zwischen die Lippen.

Morgens kommen sie herein,
wecken dich sanft
und überreichen dir
einen glänzenden Koffer.

Du klappst ihn auf
und findest ein Lächeln darin.

Manchmal geschieht es,
daß du eine Strecke
von fünf guten Büchern
hintereinander erwischst.
Eine Frau ruft dich an,
ob sie vorbeikommen kann
für einen kurzen Tanz
in den Laken.
Aber du wimmelst sie ab,
um das Buch zuende zu lesen.

Und du pfeifst auf den Job,
zu dem du aufbrechen solltest,
und dein Chef wird dich hassen.

Und du pfeifst auf die Frau,
die vermutlich
einen anderen anrufen wird.

Und wenn der Abend
zur Tür hereinkommt,
gibst du ihm den Koffer zurück,
sagst „Danke, mein Freund!“
und trägst jetzt
dein eigenes Lächeln
unter der Nase.

Gebete

Die Beine meiner Zauberfee
sind endlos lange,
zu den Himmeln ragende Stelzen,
über denen makellos wie eine Domkuppel
ihr Hinterteil thront.

Und manchmal erhört sie mein Flehen
und stakst auf turmhohen High Heels
an meiner Seite herum.

Ihre Augen aber, Leute,
womöglich einem Koboldmaki aus den Höhlen geraubt,
blitzend wie ein blaues Doppeljuwel,
in das sich das Sonnenlicht bohrt,
lassen mich niedersinken,
um knieend und ehrfurchtsvoll,
verliebt wie ein Junkie in seine Spritze,
heilige Gebete zu murmeln.

Keine Frage,
in diesen Pupillen haben sich Kolibris
flatternd azurglänzende Nester gebaut.

Der Gedanke,
dieser Blick könnte eines Tages
einem anderen gelten,
zerreißt mich
wie eine Braunkohletagebauschneise
eine bis dahin paradiesische Landschaft.

Diese Augen, Leute,
torpedieren mich mit Glück,
so sehr,
daß es mir die Herzkammern sprengt.

Äffchen an der Leine

Reden wir uns nichts ein,
labern wir uns nichts in die Tasche.
Seit den letzten 150.000 Jahren haben wir uns
nicht wesentlich weiterentwickelt.

Für die Frauen wurde der Einkaufswagen erfunden,
um ihnen beizubringen, auf den Hinterläufen zu gehen,
für die Männer die Theke,
um sie duldsam zu halten.

Täglich springen wir einander an die Kehlen,
täglich nerven wir uns,
rackern uns ab,
ertragen Staus, Stagnation und Gekeife,
den Verlust unserer billigen,
zweitklassigen Träume,
suchen Zuflucht im Suff und im Sex.

Wir widern uns an
und wünschen uns in die alten Zeiten zurück,
als wir uns gegenseitig noch lausten
und uns keine Versicherungsnummern,
Pin-Codes oder die Namen unserer Partner
einprägen mußten.

O nein,
nicht, daß es damals spannender war
auf diesem ruinierten Planeten.

Aber hin und wieder verirrte sich
ein Säbelzahntiger in unsere Höhle,
sorgte für Action
und für einen scharfen Geschmack
auf der Zunge.

Wir waren Affen,
aber wir standen nicht
wie dressierte Äffchen
an der Kasse im Supermarkt an.

Gelernt ist gelernt

Ich wohnte in einem winzigen Apartment in Köln,
und das Leben war mir wohlgesonnen
wie eine gerade frisch befriedigte Frau.

Ich kannte niemanden in dieser Stadt,
ein glücklicher Umstand und gar nicht
hoch genug zu bewerten.

Jede Nacht durchwanderte ich
die Kneipen und Bars
und führte stille, aber ergiebige
Gespräche mit meinen Drinks.

Was ich damals gelernt hab‘,
ist nichts Besonderes,
half mir aber,
am Leben zu bleiben:

Vergiß die alten Freunde,
vergiß die Frauen.
Der T-Punch hört dir zu,
der Gin Tonic schenkt dir sein entzückendstes Lächeln,
und das Pils singt dir ein Lied
mit einer schlichten Melodie,
die angenehm klingt.

Laß die Avancen der Frauen ins Leere schießen.
Was sie versprechen, halten sie nicht.
Ebensogut könntest du einem Brüllaffen glauben,
der dir weismachen will,
niemand tschilpe und tiriliere
so lieblich wie er.

Das Beste, was es gibt,
ist das Flüstern auf dem Grund deines Glases.
Das Flüstern, das dir zuraunt:
Kein Grund zur Besorgnis.
Du wirst auch dieses Leben
irgendwie
hinter dich
bringen.

Rein – raus

Früher ließen sie die Kirchentüren geöffnet.
Wenn man durch die Innenstadt lief,
Schaum vor dem Mund,
weil man die Massen von Menschen
nicht aushalten konnte,
setzte man sich für zehn Minuten
in die nächstbeste Kirche
und nippte von der Stille
wie an einem alkoholstarken Drink.

Heutzutage ist der einzige Ort,
um in der City etwas Ruhe zu finden,
die Solokabine im Sexshop.
Ich setz‘ mich hinein,
starre auf den toten Bildschirm
und rauche.

Keine fünf Minuten
und der Langmut kehrt geschmeidig zurück
wie ein Pferd,
das davongesprengt ist,
als das Feuer im Stall
ihm die Nüstern versengte.

Meist klopft es dann
irgendwann von außen an die Tür.

Eine Stimme fragt:
„Was machen Sie da drin?“

„Nichts", antworte ich.
„Ich genieße die Stille."

„Das geht nicht", belehrt mich die Stimme.
„Sie müssen einen Geldschein
in den Schlitz neben sich schieben."

Dann ist es an der Zeit,
wieder hinaus
auf die Straße zu treten
– in das allumfassende Debakel,
das zu unseren Füßen kauert
wie ein bösartiger,
bei jeder Bewegung
zuschnappender Hund,
der sich nicht wegtreten läßt.

Clint Eastwood, Charles Laughton & Co.

Wahrscheinlich bin ich einfach zu alt,
aber wenn ich heute ins Kino gehe
oder mir Filme im Fernsehen anseh‘,
springt mich spätestens nach einer halben Stunde
die Langeweile an
wie ein gähnender, verfetteter Tiger.

Filme, die nur noch aus spektakulären Bildern bestehen,
aber keine Tiefe mehr haben,
keine Dimension,
keinen Bestand.

Pearl Harbour ist so ein Film,
sogar *Pulp Fiction* ist so ein Film.

Ich meine ... John Travolta
– bevor ich mir diesen Kerl
in einem seiner aufgedonnerten Filme ansehe,
schieb‘ ich mir doch lieber
glühende Eisen in den Arsch,
weil es weniger schmerzt.

Und kann etwa ein Bruce Willis
in Sachen Coolness
auch nur annähernd Schritt halten mit einem,
wie Clint Eastwood ihn früher gespielt hat?

Die Filme, die Stars
haben so niedrige Halbwertszeiten,
daß sie vergessen sind,
sobald man das Kino verläßt.

Filme wie *Moby Dick* oder
Der Glöckner von Notre Dame
mit Charles Laughton
kann ich mir dagegen
immer wieder ansehen.

Etwas Magisches ist ihnen
gebannt,
und es bringt die Seele zum Singen.

Damals haben die Filme
von den wirklichen Katastrophen erzählt.
Im Mittelpunkt stand immer der Kampf
des Menschen gegen sich selbst.

Und klar – er hat diesen Kampf
auf gloriose Weise verloren.
Den Zuschauern wurde noch nicht das Happy End
wie Scheiße in die Visage geschmiert,
und Hollywood war groß,
denn es erzählte die Geschichte
des Scheiterns.

Die größte und längste Geschichte,
die je erzählt worden ist.

Heitere Aussichten

Tage,
finsterer als das Arschloch
von Hitler je war,
schwieliger als der harte Penis der Todes,
der irgendwann kommt,
um dich brutal zu bespringen.

Das Lächeln der Frauen urplötzlich so welk,
ihre Leiber so steinig
wie ein verkarstetes Feld.
Das Verhalten der Kerle
eine durchgezogene Linie
auf einer Autobahntrasse,
die das Nirgendwo mit dem Nichts
wie Metropolen verbindet.

Erst mit dem Tod kommt das Licht,
und wir werden von vorne verarscht.
Denn wir werden erkennen,
daß es Mallorca und Ikea und Cinedom-Paläste
und Krebs und Humorlosigkeit und Tom Hanks
auch in der nächsten Welt
und in der nächsten Welt
und in der nächsten Welt gibt.

Verloren

Sie kniete nieder vor mir,
schwarz bestrumpft,
heulte „Ich liebe dich!
Bitte geh nicht weg von mir!"
und stopfte sich meinen Schwanz in den Mund.

Ich schaute hinunter,
auf den sich auf und ab bewegenden Kopf,
und sie langweilte mich.

Sie legte sich auf dem Sofa in Position,
reckte die Beine in die Luft,
so daß die mit High-Heels behangenen Füße
den Pirol weckend herumtaumelten,
und ich jagte meinen Vogel in sie rein
und langweilte mich.

Später spritzte ich ihr meinen Saft aufs Gesicht.
Ihre Augen waren von einem inneren Leuchten erfüllt,
aber es konnte meine Begierden nicht stillen.

Ich ohrfeigte sie,
wenn wir es trieben,
und es machte sie scharf.
Denn bisweilen kehren die Instinkte der Steinzeit zurück,
dann mögen sie es,
hin und her gezerrt,
dirigiert und geschlagen zu werden.

Mich aber
langweilte es.

Die Menschen sind einsam,
darum erdulden sie jeden.
Sie sind einsam
und tun Dinge,
die banal und würdelos sind.

Einmal kannte ich eine,
die mich mit Frieden umgab.
Wir hatten biederen, aber gefühlvollen Sex,
und wenn sie einschlief in meinen Armen,
umgaukelte mich sanft und kostbar das Glück,
als fände irgendwo in den Adern und Venen
ein vergessenes Sinfonie-Konzert statt.
Morgens wachten wir auf
und hatten unsere Stellung während des Schlafes
nicht um einen Zentimeter verändert.

Sie verließ mich,
weil ihr der Sex
nicht wüst genug war.

Frauen ...

Ihr größtes Talent ist ein unermüdliches,
nie enden wollendes Quatschen.
Nur deshalb sind wir so scharf drauf,
daß sie unser Ding in den Mund nehmen:
Wenn sie blasen,
quatschen sie nicht.
Das ist auch der Grund,
warum wir Männer
so entspannt sind danach.
Wir haben die Stille genossen,
unsere Kräfte nicht verschleudert,
sondern regeneriert.

Playmobil & Captain Kirk

Gab eine Zeit,
da war alles einfach.
Tage der Kindheit,
in denen Glück bedeutete,
samstags in der Badewanne zu sitzen
und mit dem Playmobil-Piratenschiff zu spielen.
In Handtücher gewickelt
saß man später auf dem Sofa
und sah sich *Raumschiff Enterprise* an.

Kein Gedanke zerstörte das Glück.
Keine gierigen Wünsche benagten die Seele.
Kein Orakel schrie: „Paß auf,
  in zwanzig Jahren
  bist du ein Loser!“

Man mußte für die Nichtigkeit des eigenen Herzens
  noch nicht mit dem Verlust
  der eigenen Würde bezahlen.

Unschuld hockte froh und breit
in jeder Faser des Körpers
und spielte mit sich selbst Autoquartett.

Jetzt sind wir, die Vertreter der *generation Yps*,
in der Kaste der alten Säcke einquartiert worden.
Wir jagen dem Glück,
den Frauen, dem Geld hinterher.

Aber alles,
was wir eigentlich wollen,
ist das Playmobil-Piratenschiff
und eine Mutter, die aus dem Wohnzimmer ruft:
„Raus aus der Wanne!
Gleich fängt *Enterprise* an!“

Statt dessen aber leasen wir Autos,
kaufen uns Dinge,
verlangen von unseren Frauen Akrobatik im Bett
und spritzen ihnen frustiert
unseren Saft in die Fressen.

Himmel, wir haben wirklich
geloosed.

Credo

Folge deiner inneren Stimme.
Hör auf dein Herz.
Genieße jeden Tag, als sei es dein letzter,
aber werde nicht gierig.
Denk daran: Es sind die Details, die das Dasein versüßen.
Tu öfter Dinge, die dir unbekannt sind.
Erlebe und spür deinen Körper.
Hab keine Angst vor klassischer Musik;
sie ist in der Lage zu heilen.

Wenn es niemandem schadet: Breche die Regeln.
Nimm deine Mahlzeiten gemeinsam mit möglichst vielen
anderen ein.
Lerne ein Instrument. Noch besser: Lerne, mehrere zu
spielen.
Singe und vergiß nicht zu tanzen.
Nimm dir Zeit und lasse dich treiben.
Sei loyal. Immer.
Ehre die Freundschaft.

Wenn du wütend bist, nimm es als Spiel.
Sieh überhaupt immer in allem
das Spiel.

Hör auf, belanglose Bücher zu lesen, belanglose Filme
zu sehen. Lies und sieh die außergewöhnlichen.
Sie sind selten genug.

Sei nicht ignorant.
Lerne.
Probiere aus.
Tu es gemeinsam mit anderen.
Helfe, wenn du kannst.

Denk dran:
Du hast nur ein Leben.
Achte es. Du bist es dir schuldig.

Und jetzt steh auf.
Nimm dir ein Bier.
Trink es langsam.
Hör auf dein Herz.

Und vergiß nicht,
den Hamster zu füttern.

Sei auf der Hut

Ihr Lachen ein Füllen,
dem man die Beine abgehackt hat.
Die Bewegungen ihrer Hände
ein alter Karpfen im Strom.

Zwei Minuten zuvor
war sie in die Anmut eines Neugeborenen gewandet.
Jetzt, wo sie dich will,
ist ihre Grazie toxisch geworden.
Siedend versengt ihr Blick alles,
wonach er mit Haigebiß schnappt.

Steh nicht auf,
geh nicht hinüber zu ihr.

In ihrer Höhle
wird ein intelligenter Bär
nicht überwintern.
In ihrer Seele
baut ein kluger Vogel kein Nest.

Bickendorf

War von der Stadtmitte
an die Peripherie der City gezogen
und wohnte in den vorderen Räumen
einer Essigfabrik.

Wenn es in den Fässern zu gähren begann,
lag ein beißend-dumpfer Geruch in der Luft
und die Augen begannen zu tränen.
An manchen Tagen war ich gezwungen,
eine Atemmaske zu tragen.

Der häßliche Vorort war in zwei Hälften geteilt.

Nördlich der Hauptstraße
bastelten die Normalos an ihrem adretten Leben herum.
Es wimmelte nur so von Lehrern und
Computerfreaks samt ihrer Frauen,
die wähnten,
das Schicksal habe ihnen ein Dasein
als Heilpraktikerin oder Besitzerin eines
Geschenkartikelladens bestimmt.

Herrgott,
von dieser Art Menschen gab es dort mehr
als man Tauben auf dem Markusplatz findet.

Naja,
immerhin schissen sie nicht wie die Tauben
überall hin.

Südlich der Hauptstraße,
die den Vorort wie eine Demarkationslinie durchschnitt,
wohnten die Prolls.

Eine Menge abgehalfterte Gestalten wankten herum,
und die Frauen wirkten wie billige Schlampen
in irgendeiner Table-Dance-Bar an der polnischen Grenze.

Eine 1a Mischpoke, die man im Supermarkt traf
oder die einem begegnete,
wenn man auf hart machen wollte
und die U-Bahn benutzte.

Gott hatte ihnen den öffentlichen Nahverkehr geschenkt,
um ihnen ihren Alltag erträglich zu machen,
denn ständig waren sie mit irgendeinem
Plunder bepackt.

Sie transportierten nicht nur Horden von Kindern
und ganze Rudel von Hunden,
sondern hatten in der U-Bahn
Waschmaschinen, Sofas, Elektro-Herde
und Regalwände dabei.
Ganze Umzüge wurden so absolviert,
und sie erkannten dich als Bewohner der anderen Seite,
weil du *keine* Autoreifen dabeihattest,
keine defekte Musiktruhe,
keinen zwischen die Sitzreihen pissenden Köter.

Jedesmal wurden Erinnerungen wach,
tauchten Bilder meiner eigenen Sippe
in irgendeinem vergessenen Winkel
meiner Hirnrinde auf.

Keinen Deut anders war es gewesen –
außer daß wir noch verwahrloster waren,
noch abgehalferter,
noch näher dran an der großen, stinkenden Grube.

Kein Wunder,
daß ich mich wohlfühlte,
als ich von der Innenstadt
nach Bickendorf zog.

Ich war einer von ihnen.
Ich war lediglich
auf die falsche Seite
geraten.

Paradies

Ich betrat den Laden wie ein Fuchs,
der lächelnd in den Hühnerstall springt,
um den Hennen fröhlich „Guten Tag!“ zu sagen.

War nie zuvor dort gewesen,
weil die abgehalfterte Fassade mich schreckte.
Der Laden wirkte,
als sei er das Eden
aller Bekloppten, Fingernägelkauer
und Mehrfach-Debilen.
Wirklich, die Kaschemme war noch trostloser
als ein Vereinsheim der Zeugen Jehovas,
und die Gäste mit ihren angefressenen Seelen
hockten auf ihren wackligen Hockern,
als hätte ihnen ein windiger Kerl
vor Jahrzehnten das Unglück
im Abonnement aufgeschwatzt.

Es gab Ärger,
noch bevor ich mein erstes Bier ordern konnte.

Eine Tussi am Tresen
hatte mir zugelächelt, als ich hereinkam
– jetzt legte mir ihr Macker
grob die Hand auf die Schulter.

„Finger weg von meiner Frau!“
zischte er mich an,
und ich beeilte mich,
einen Blick auf das Objekt seiner Begierde zu werfen:

Etwa einen Meter siebzig groß,
hundertzwanzig Kilo schwer
und eingehüllt in ein waghalsiges Parfum
aus feuchter Wäsche und alkoholdurchtränktem Urin.

„Meister, dich muß man wahrhaft
um deine Prinzessin beneiden!
Wie heißt es denn,
das wilde Gerät?“
fragte ich ihn.

„Das geht dich einen Scheißdreck an, hörße?!“
belferte er.
„Das ist meine. Die gehört zu mir!
Hasse kapiert?“

„Komm, Bernie, halt den Ball flach
und laß unsere Gäste in Ruhe!“
schaltete sich die Wirtin jetzt ein,
die die ungezügelte Körperform
eines Sumo-Kämpfers vorweisen konnte
und mir im selben Augenblick
ein gut gefülltes Glas hinstellte.

Ich stellte mir vor,
wie sie wohl nackt und in Moonboots aussehen würde.
Dann kippte ich das Bier auf Ex,
um dieses Bild schnellstmöglich zu vergessen.
Zu viel Phantasie
ist bisweilen ein Fehler.

Am anderen Ende des Tresens
stritt eine aufgedonnerte Rothaarige
ebenfalls mit ihrem Stecher herum,
und ich frohlockte,
weil ich wieder mal
eine gute Wahl getroffen hatte,
als ich entschied,
ausgerechnet hier meine Biere zu kippen.

Der Kerl holte aus und verpaßte ihr
eine saubere Gerade,
die sie zurücktaumeln ließ.
Dann warf er wütend einen Schein auf die Theke
und stürmte hinaus.
Wow –
es wurde immer besser.
Ein guter Laden
mit einer erstklassigen Show.

Die Wirtin stellte mir das nächste Bier hin,
und ich fing an, mich zu entspannen.

Ich hatte tatsächlich
das Paradies wiederentdeckt.

Wunder

Nach einem schweren Besäufnis
war Jakob Nagerske
mit finsterer Laune erwacht.
Es war kein Kaffeepulver im Haus,
keine Kopfschmerztablette,
keine Zigarette,
die er sich hätte anzünden können.
Nur er
und der Grimm in der Brust,
der ihm mitteilte,
daß er, seitdem er auf der Welt war,
von vorne bis hinten
verarscht worden war.

In der Post fand er einen Brief
vom Anwalt seiner Frau,
die mehr Unterhalt wollte.

Er marschierte aufs Klo,
wollte scheißen,
aber seine Hämorrhoiden ließen ihn nicht.

Mürrisch sammelte er in der Diele
Leergut zusammen.
Er wollte es wegbringen,
um vom Pfand Tabak und Blättchen zu kaufen.

Als er im Beet, das längs des Gehwegs verlief,
eine einsame Blume entdeckte,
obwohl es doch Januar war.

„Ein Wunder“, sagte eine ältere Frau.
„Ein richtiges, kleines Wunder,
diese Blume im Winter,
finden Sie nicht?“

Nagerske starrte auf die Frau,
dann auf die Blume.

„Ja, Scheiße!“ sagte Nagerske.
„Da ham Sie wohl recht.
Eine Blume, mitten im Winter.
Hat man so was schon mal gehört?“

Und er ging hin
und zertrat sie,
die Blume.

Zum ersten Mal seit Wochen lächelte er.
Selbst seine Hämorrhoiden waren vergessen,
und das
war nun wirklich ein Wunder.

Vögelchen

„Laß mich auch mal sehen!" sagte Kev. Sein erhitztes Gesicht war voller Pickel und starrte vor Dreck. Er streckte seine Hand nach dem Heft aus, das Schanker dicht vor die Brust hielt, so daß Kev nicht hineinsehen konnte.

„Pfoten weg", wies ihn Schanker zurecht. „Oder ich baller' dir eine, daß du vierzehn Tage nicht aufstehst."

Grau wie ein verregneter Sonntag lag sein schmales Wieselgesicht unter drahtigen, kupferroten Haaren versteckt. Die von Schweiß schwere Kleidung mit Flecken übersät, stand er vor der stinkenden Kloschüssel und war in den Anblick des Heftes vertieft.

„Ich will aber auch sehen!"

„Nimm deine Pfoten weg, hab' ich gesagt!"

Während die übrigen Schüler im Schulhof lärmend das alte Fangenspiel spielten, schlossen Kev und Schanker sich auf der Toilette ein. Sie rauchten dicke, graue Zigaretten, die Schanker seinem Vater morgens aus der Packung stahl. Unterdessen brachte er seine Schätze zutage: Pornomagazine. Er hatte sich Zugang zu den Kellernräumen des Wohnblocks verschafft, wo Krake, sein älterer Bruder, die Hefte versteckt hielt.

Sie genossen den Reiz, ein Verbot zu verletzen, Abbildungen kopulierender Paare zu betrachten und sich vorzustellen, wie es andere, ihre Eltern oder die Lehrer, es trieben.

„Meinst du, dein Alter rammelt sie wirklich?"

„Klar, wie'n Karnickel", erwiderte Kev. „Vor allem, wenn er besoffen nach Haus kommt. Du solltest sie hör'n. Meine Mutter schreit wie am Spieß!"

War es anfangs der bloße Wunsch, wissentlich ein Verbot zu verletzen, so war es bereits eine schlechte Gewohnheit geworden, als sie die achte Klasse besuchten. Sie wurden gereizt, sobald der Nachschub ins Stocken geriet. Die scheinbar unerschöpfliche Quelle, die die Sammlung von Schankers Bruder dargestellt hatte, war versiegt, als er von Krake auf frischer Tat im Keller ertappt worden war. Er drückte seine Zigarette auf Schankers Arm aus und drohte ihm Schlimmeres an, falls er ihn noch mal dort unten erwischte.

„Arschloch!" sagte Kev an diesem Tag.

„Eines Tages wird er Hundepisse trinken, der Sack, darauf kannst du einen lassen!" verkündete Schanker.

Sie mieden die anderen, hielten sich instinktiv von ihnen fern, als wüßten sie bereits, daß sie zu denen gehörten, die das Leben mit einem unsichtbaren Kainsmal versieht. Sie merkten frühzeitig auf und spürten, daß man ihnen einen Großteil des ihnen zustehenden Vergnügens vorenthalten würde, egal, was sie anstellten, um wie die anderen ihre Portion Spaß abzukriegen. Die Aussicht beispielsweise darauf, jemals mit Corinna Kornfeld im Gebüsch verschwinden zu dürfen, um Stinkfisch zu spielen, war nicht größer als null. In der Schule saß sie ein volles Jahr lang in der Stuhlreihe vor ihnen, und der bloße Duft ihres Nakkens machte Kev toll. Hemmungslose Phantasien durchkreuzten sein Hirn. Er preßte seinen Penis gegen das Holz seines Tisches und verdrehte die Augen. Neben ihm tat Schanker dasselbe, und Kev wurde eifersüchtig auf ihn.

Nachmittags lag er in seinem Zimmer auf dem Bett, Ruhelosigkeit wie eine unheilbare Krankheit im Blick, dachte an sie, die Prinzessin in der Bankreihe vor ihm, und öffnete die Augen erst dann, wenn der Schauer der Erlösung ganz und gar verflogen war. Unter dem Bett lag ein Haufen schmutziger Handtücher, die er benutzte, um sich sauberzuwischen.

Kev und Schanker hatten die Scharnhorster Grundschule besucht. Später kamen sie auf die Reformschule Nord, einen Kasten aus graugrünem Beton, der wie ein Bahnhofsklo roch. Die Gegend hieß Minister-Arnulf-Peine-Siedlung und wurde das Silo genannt. Fünfzehntausend Menschen lebten in den Hochhausblocks, wurden apathisch und schlugen sich die Schädel ein. Um die Orientierung zu erleichtern, hatten die Planer und Architekten den gesamten Komplex in Parzellen und Ebenen eingeteilt, aber nur Schanker und Kev und die Lurkers fanden sich in den labyrinthischen Gängen zurecht. Diese Ortskenntnis rettete sie oft genug vor dem Zugriff der Bullen, die den beiden nachstellten, weil wie durch Zauberhand die Autoradios plötzlich überall verschwanden.

Es regnete oft. Kev gelangte zu der Überzeugung, das geschähe mit Absicht und der greise Jahwe mache sich einen Spaß daraus, die aus dem Silo fertigzumachen. Im Gegenzug pißte er an die Kirchentür und besprühte sie mit Parolen. „Gott ist häßlich", schrieb er auf das große Portal.

„So häßlich, daß er Angst hat, hervorzukriechen und sich zu zeigen.”

Schanker lachte vergnügt. „Gott ist eine schwule Sau und wird an AIDS krepieren”, hatte ihm Krake erzählt. Es steckte Logik darin.

Sie trafen sich auf Ebene 05 neben dem Raum mit den Transformatoren. Sie hatten einen der großen Kesselräume hergerichtet, nicht einmal der für den C-Block zuständige Hauswart wußte davon. Schanker hatte seine HiFi-Anlage hinuntergeschafft. Sie saßen herum, rauchten und hörten Musik. *Knightmaster* war gerade groß heraus-gekommen und einer ihrer Favoriten. Die *Lickerdicks* waren ebenfalls gut, aber Kev war der Meinung, es fehle dem Sänger an Klasse und sein Gesang erinnere an einen geprügelten Hund.

Auf 112 in Korridor D hatten sie eines Tages eine leerstehende Wohnung entdeckt. Es standen noch sämtliche Möbel darin. Sie versuchten soeben mit Hilfe eines Schlüsselbundes, das Kev im Aufzug gefunden hatte, in ein Apartment einzudringen. Die Vorstellung, jederzeit die Intimsphäre eines Menschen zerstören zu können, hatte sie in Aufruhr versetzt. Sie stellten sich ausgiebig vor, wie es wäre, eine junge Frau im Bad zu überraschen.

„Woher wissen wir, ob nicht ein Bekloppter hier wohnt, der uns den Brägen herausknallt, sobald er uns sieht? Komm, wir verschwinden!” hatte Schanker gesagt.

Kev werkelte lautlos am Türschloß herum. „Angst, was?” sagte er nur.

„Scheiße, Kev, laß uns abhauen!" drängte Schanker erneut, aber in diesem Augenblick bemerkte Kev, daß sich die Tür mühelos aufdrücken ließ, wenn er sein Knie gegen eine bestimmte Stelle des Türrahmens stemmte. Die dahinterliegende Wohnung wirkte trotz der vorhandenen Möbel verlassen. In der Küche fanden sich weder Teller noch Tassen, die Schränke waren leer, das Badezimmer geräumt.

„Ratzekahl leer", sagte Kev.

„Wahnsinn!" stimmte Schanker mit ein. "Unser neues Versteck!"

Sie waren sich einig, daß dies nicht die einzige leerstehende Wohnung sein konnte, die von der Blockverwaltung nicht registriert worden war. Offenbar hatte die städtische Verwaltung die Übersicht darüber verloren, welche Mieter ihre Miete bezahlten. Menschen zogen aus, ohne die Zentrale in Kenntnis zu setzen oder sich an die vereinbarten Kündigungsfristen zu halten. Die Blockwarte waren überfordert und vollauf damit beschäftigt, defekte Aufzüge in Gang zu bringen oder Zerstörungen zu beseitigen. Das neue Versteck versprach ungeahnte Möglichkeiten. Kev und Schanker erklärten die Wohnung zu ihrem neuen Hauptquartier.

Kev sagte, Fräulein Amsel, die Klassenlehrerin, könne ihn nicht ausstehen. Ständig schicke sie Briefe an seine Eltern, und das gefiele ihm nicht.

„Besser, sie ließe es bleiben!" ließ er in der Pause verlauten. „Wäre wirklich besser für sie!"

Jemand hatte die Klassenlehrerin während des Unterrichts eine blöde Fotze genannt, und sie hatte ein bißchen geweint, aber nichts unternommen. Die Schüler bekamen Oberhand, und die junge Lehrerin beschränkte sich weiter darauf, den Eltern ihrer Schüler Briefe zu schicken, die abgefangen oder nicht gelesen wurden. Die Mehrheit der Eltern stand auf der Seite der Kinder. Eine Reformschule war etwas Anstößiges, das man nicht unterstützte. Fräulein Amsel hatte nicht den Hauch einer Chance. Verängstigt stand sie in ihrem steifen Kostüm an der Tafel. Die Schüler gaben ihr einen Spitznamen, und es brauchte nicht lange, da reagierte sie, wenn man sie Vögelchen rief.

Kev erwog, daß es nicht schwierig sein würde, Vögelchen ein paar Tage im neuen Versteck gefangenzuhalten, um ihr einen Vorgeschmack auf die Hölle zu geben. Während sie vorn an ihrer Tafel stand, stellte er sich vor, wie Schanker und er Zigaretten auf ihren Armen ausdrücken würden. Langsam arbeiteten sie sich in seiner Phantasie hinauf zu ihrem Gesicht, während sich die Augen ihres Opfers qualvoll weiteten.

Er fand Gefallen, an seinen gewalttätigen Bildern, und Vögelchen regte ihn nicht mehr ganz so sehr auf, weil er wußte, daß er sie in seine Hand bekommen konnte, wann immer er wollte.

Es wurde allmählich gefährlich, mit dem Autoradio-Klau weiterzumachen wie bisher. Die Bullen hatten begonnen, verstärkt Streife zu fahren, sogar tagsüber, und viele von ihnen waren in zivil. Schanker und Kev waren über Monate hinweg zu gründlich gewesen. Obwohl sich die Polizei nur ungern im Silo zeigte, mußte sie in dieser Sache etwas unternehmen.

Die Autoradios waren ein Geschäft mit geringem Risiko gewesen, das ihnen gestattete, all die Annehmlichkeiten zu bezahlen, an die sie sich gewöhnt hatten und die sie nicht mehr aufgeben wollten. Die anderen Jungs aus dem Silo sammelten Schutzgelder ein, eine Einnahmequelle, die Kev und Schanker verschlossen blieb. Die Lurkers hätten sie als Mitglieder nie akzeptiert.

Die Lurkers hatten ihre Forderungen zunächst nur an Gleichaltrige und Jüngere gestellt. Auch Kev und Schanker zahlten wöchentlich. Aber die Bande hatte schnell gemerkt, daß auch die Erwachsenen Furcht vor ihnen hatten, und dort war sehr viel mehr zu holen. Nach anfänglichen Fehlschlägen hatten die Lurkers ihr Auftreten drastisch verschärft, schlugen einige der Zahlungsunwilligen vor ihrer Haustür zusammen und steckten die Autos derer in Brand, die Wderstand leisteten. Das zeigte Wirkung. Manchmal versuchte noch jemand, gegen die Schutzgeldzahlung aufzubegehren und drohte mit der Polizei, dann brach man ihm das Nasenbein oder hielt ihm ein Messer an die Kehle. Ein Jahr zuvor hatte es sogar eine Tote gegeben. Einer jungen Frau wurde mit einer Eisenstange der Schädel zertrümmert. Die Polizei holte Horse, den Chef der Lurkers, in Handschellen ab, aber es gab weder Beweise noch Zeugen, und so mußten sie ihn wieder laufen lassen. Im Triumpfzug kehrte er ins Silo zurück und demonstrierte seine Macht, indem er das Schutzgeld erhöhte.

Die meisten der Lurkers gaben ihr Geld für Alkohol aus. Eine synthetische Droge namens Pennywhite war eine Zeitlang in Mode. Kev indessen versuchte, das durch den Verkauf der Radios gewonnene Geld auf die Seite zu legen. Die Aussicht, den Rest seines verknorpelten Lebens im Silo verbringen zu müssen, machte ihn krank. Er wollte nicht neurotisch werden, alt, mit Augen voller Zimmerdecken. Auf seinem Rücken hatte er eine Narbe, die daher rührte, daß sein Vater ihn als Säugling einmal in den Backofen gesteckt hatte, weil er das Schreien des Kindes nicht ertrug. Er steckte das Kind in den Ofen und stellte ihn an. Kev wollte das Silo und die Narbe vergessen.

Meistens war Kev noch vor Schanker im neuen Versteck. Er streckte sich auf dem Teppichboden aus, öffnete die Hose und ornanierte so langsam wie möglich. Dort in der Wohnung brauchte er nicht länger den überraschenden Eintritt seiner Mutter zu fürchten.

Es machte ihn wütend, mitanzusehen, wie die anderen sexuelle Erfahrungen sammelten. Zagorski prahlte in der Umkleidekabine der Sporthalle damit herum, es mit Katja Nollenbusch getrieben zu haben. Großmäulig gab er Einzelheiten zum besten. „Ehrlich, Leute, die ist abgegangen wie `ne Rakete!"

Auf den Bänken des Spielplatzes hockten knutschende Pärchen, und am Kanal trieben es die Älteren unter freiem Himmel. Für Kev und Schanker blieben nur die Magazine, die ihren großen Reiz verloren.

Heimlich rieb sich Kev mit dem Rasierwasser seines Vaters ein. Er lebte in der ständigen Furcht, nach Sperma zu stinken. Ganz besonders haßte er es, wenn Hunde begannen, zwischen seinen Beinen zu schnüffeln.

Auf dem Schulflur hatte er Beate Köhler an die Brüste gefaßt. Er bekam eine schallende Ohrfeige, aber es hatte sich gut angefühlt. Vor Schanker brüstete er sich mit seiner Grapscherei, und der tat es ihm gleich und griff Iris Wankowiak zwischen die Beine. Es wurde ein Sport für Schanker und Kev. Die Mädchen verachteten sie und spieen sie an

Im Februar tauchte sie auf. Schanker hatte sie in der Tiefgarage entdeckt. Sie lag einfach da, er hatte sie nur aufheben müssen. Kurz darauf war er ins Versteck gestürmt. Im Türraahmen blieb er stehen, spreizte die Beine und legte auf Kev an. „Hände hoch, du Wichser, oder ich blas dir das Licht aus!"

Er weigerte sich zunächst, Kev die Waffe anfassen zu lassen. Er fuchtelte mit der Pistole vor dessen Gesicht herum, und Kev überlegte, ob er Schanker die Waffe mit Gewalt abnehmen sollte. Daß sie echt war, sah er sofort. Also fragte er nur: „Ist die Knarre geladen?"

Schanker grinste und zeigte ihm das volle Magazin.

„Und jetzt?" fragte Kev.

„Wir müssen lernen, wie man damit umgeht", sagte Schanker. „Nur ein Idiot zieht seinen Ballermann, wenn er nicht damit umgehen kann."

Das günstigste Gelände befand sich jenseits des Bahndamms. Es gehörte zu dem alten Eisenhüttenwerk, das schon vor Jahren stillgelegt worden war. Schanker schleppte einen Plastikbeutel mit leeren Konservendosen in der Hand. Er blickte gehetzt um sich, aber weit und breit war keine Menschenseele zu sehen. Dann lachte er schrill und zeigte seine schiefstehenden Zähne. Er zischte: „Wenn wir's erst einmal können, sollen die Lurkers noch mal versuchen, Schutzgeld zu kriegen. Denen baller' ich das Hirn aus dem Schädel!"

Sie schossen auf die Büchsen. Kev maß dreißig Schritte ab und legte einen alten Autoreifen auf die Erde.

„Okay, stell dich in den Reifen und schieß!" sagte er.

„Okay, immer abwechselnd. Jeder einen Schuß", gab Schanker zurück und stieg in den Reifen.

Mit beiden Händen hob er die Waffe, zielte und drückte urplötzlich ab. Ein lautes Echo hallte in der Luft. Der Schuß hatte die Dose verfehlt, doch Schanker lächelte, sichtlich zufrieden. Er war glücklich. Er fühlte sich so gut an, als wäre er auf Pennywhite.

„Das ist irre!" schrie er. „Echt irre!"

Kev nahm die Waffe, stieg in den Reifen und konzentrierte sich. Der Schuß knallte, das Echo wiederholte ihn und in einiger Entfernung stiegen ein paar aufgeschreckte Dohlen in die gelblich-braune Luft. Die Dose stand an ihrem Platz.

Er war schwierig, neue Munition aufzutreiben. Sie wandten sich schließlich an einen alten Kerl namens Drobic, der vorgab, sein rechtes Auge während des Jugoslawienkrieges beim Kampf um Ossiek verloren zu haben. Er hauste in einer Wohnung des Verwaltungspersonals und trug eine fleckige Phantasieuniform mit goldenen Litzen. Er sah wie ein Zinnsoldat aus.

Es war das erste Mal, daß Schanker und Kev seine vollgestopfte Wohnung betraten. Drobic war betrunken und erzählte von den alten Tagen des Krieges, Geschichten voller Blut und Gewalt. Kev langweilte sich, er wollte nichts als nur die Patronen, aber Schanker hörte aufgeregt zu.

Drobic besorgte ihnen die Munition, drehte es aber so, daß eine fette Provision für ihn abfiel. Dafür stellte er keinerlei Fragen.

Sie übten jetzt täglich. Am Schießen selbst fand Kev nach wie vor großes Gefallen, nur zwischen Schanker und ihm gab es immer häufiger Streit, weil Schanker sich nicht an die Vereinbarung hielt, im Wechsel zu schießen. Er schoß ein Magazin leer und erklärte, es sei seine Pistole, er habe sie gefunden und deshalb das Recht, öfter zu schießen als Kev.

Das war die Wahrheit, es war Schankers Pistole, doch etwas in dessen Verhalten machte Kev wütend. Er mochte es nicht, wenn Schanker die Waffe auf ihn anlegte und sagte: „So, Kev, altes Arschgesicht, jetzt bist du dran!"

Kev traute ihm nicht.

Schanker beging einen Fehler. Den ganzen Nachmittag über regnete es, und Schanker gönnte Kev nicht einen einzigen Schuß. Kev hatte genug und wandte sich verärgert zum Gehen. Da spürte er den Arm, der sich von hinten um seine Kehle schloß, und den Lauf der Waffe am Kopf.

„Arschgesicht, jetzt bist du meine Geisel!" flüsterte ihm Schanker, vor Erregung heiser, ins Ohr. „Jetzt mußt du tun, was ich sage!"

Es war ein Reflex. Kev wuchtete ihm den Ellbogen in den Magen. Schankers Griff lockerte sich, die Pistole fiel ins nasse Gras. Er beugte sich vornüber und schnappte nach Luft, aber Kev riß seinen Kopf an den Haaren empor und schlug ihm mit der Waffe, die er aufgehoben hatte, hart ins Gesicht. Schanker stürzte nieder und schrie. Ein dunkelroter Blutstrom sprudelte aus der gebrochenen Nase hervor. Kev kniete sich auf Schankers Brust und setzte ihm den Lauf auf die Stirn.

„Du Schwein!" preßte er dunkel hervor. „Ich bringe dich um!"

Eine einsame Wolke zog wie ein Dunlop-Zeppelin am Himmel vorüber. Es war still. Selbst die Dohlen schienen zu schweigen. Auch Schanker verstummte. Tränen standen jetzt in seinen Augen, Angst tanzte auf seinem Gesicht.

Kev fühlte die Macht, die er plötzlich besaß. Der Triumph, der Überlegene zu sein, machte ihn ruhig. Ein nie gekanntes Gefühl der eigenen Stärke durchzog seinen Körper, bahnte sich Raum und verharrte zitternd wie Lust. So mußte man sich fühlen, wenn man Pennywhite nahm. Dann drückte er ab.

Schanker röchelte kurz. Sein Bewußtsein hatte sich binnen einer Sekunde ins Nichts aufgelöst. Einen Augenblick lang, ehe er abdrückte, hatte Kev die stumme Panik Schankers wie die eigene empfunden, und es schien ihm, als läge er selbst mit den Schultern am Boden.

Ein häßliches, dunkles Loch prangte auf Schankers Stirn. Das kupferfarbene Haar wirkte wie Stroh. Kev starrte den Einschuß eine Weile lang an, steckte die Pistole in die Seitentasche seier Jacke und machte sich entschlossen auf den Weg. Niemand würde Schankers Leiche je finden. Nur die Dohlen trieben sich auf dem Gelände herum.

Kev benutzte das Treppenhaus. Im Aufzug lief er Gefahr, gesehen zu werden. Sein Verstand arbeitete nüchtern, als hätte er es mit einer mathematischen Aufgabe in der Schule zu tun.

Ihre Tür zu finden, war einfach. Kev klingelte an. Es dauerte lange, bis die Tür geöffnet wurde. Sie trug einen Bademantel. Er konnte den Ansatz ihrer Brüste erkennen. Ein Handtuch war um ihren Kopf gewickelt, offenbar hatte sie unter der Dusche gestanden.

Er schlug kurz und hart mit der Waffe zu. Vögelchen verlor die Besinnung.

Leise schloß er die Tür, ergriff die Lehrerin an den Armen und zerrte sie in das Wohnzimmer. Im Küchenschrank fand er eine Rolle Paketschnur. Er fesselte sie und steckte ihr einen Strumpf in den Mund. Es war auffallend einfach.

Als die Türklingel anschlug, fuhr er herum. Eine lange Zeit stand er bewegungslos da, wartete, ohne zu atmen.

Das Schellen verstummte. Er nahm ihre Schlüssel vom Tisch. Sich vorsichtig umschauend, verließ er die Wohnung. Im Treppenhaus war niemand zu sehen.

Erst in der Nacht kam er zurück. Er trug eine Wollmütze mit Öffnungen für die Augen über dem Kopf. Vögelchen starrte ihn an. Auf ihrem Kopf erblickte er verkrustetes Blut, dort, wo die Waffe sie getroffen hatte. Das ungekämmte, jetzt getrocknete Haar fiel in wirren Locken auf ihre Schultern hinab.

Kev schien es zu gefährlich, sie in ihrer eigenen Wohnung zu lassen. Das Versteck war ein besserer Platz.

Die Gebäude waren untereinander durch ein Labyrinth von Gängen verbunden. Dennoch stellte es sich als anstrengend heraus, Vögelchen durch das Treppenhaus zu bugsieren und die Korridore im Kellergeschoß mit ihr zu durchqueren. An deren Ende begann der mühselige und zeitraubende Aufstieg in das Versteck. Vögelchen stolperte oft oder fiel. Sie war noch immer gefesselt. Nur an den Fesseln hatte er die Paketschnur etwas gelockert.

Die Aktion verlief ohne Schwierigkeit. Niemand hatte die beiden gesehen. In der Wohnung stieß Kev sein Opfer aufs Bett. Der Schweiß rann ihm den Rücken hinunter. Unter der Mütze war die Hitze fast unerträglich geworden.

Um sich Mut zu machen, redete er. Seine Stimme klang zittrig und schwach.

„Jetzt hab‘ ich dich endlich”, sagte er leise. „Jetzt mach‘ ich dich kalt.”

Sie erkannte die Stimme ihres Schülers trotz des Flüsterns sofort. Kev las es in ihrem Blick. Was war es für ein Anfänger! Er konnte die Mütze abnehmen, sie war sinnlos geworden.

„Vögelchen, ich hatte dich gewarnt”, sagte Kev.

Sie zerrte unbestimmt an ihren Fesseln.

Er wurde zornig, ohne eigentlich zu wissen, weshalb. Vielleicht war bisher alles zu einfach verlaufen. Vielleicht hatte er den Eindruck, sein Opfer fürchte sich nicht genügend vor ihm, jetzt, da sie wußte, daß es nur einer ihrer Schüler war, der sie festhielt. Vögelchen hatte offenbar vergessen, daß sie ihm ausgeliefert war.

Aufgebracht zerrte er sie hoch und schaffte sie in einen Sessel, der im Zimmer stand.

„Du alte Hure!” sagte er. „Du geile Drecksau!”, und es klang gut und stark. Er gewann seine Selbstsicherheit zurück. Er ohrfeigte sie mehrmals, und das war besser. Ihr

Kopf flog unter seinen Schlägen von einer Seite zur anderen. Sie hatte zu schluchzen begonnen.

Kev konnte sehen, wie die Panik zu ihr zurückkehrte, so, als gieße jemand Wasser in ein leeres Glas. Er fühlte sich frei. Vögelchen mußte tun, was er wollte, oder er würde sie töten. Er würde es nicht zulassen, daß man ihm seine Freiheit wieder fortnehmen würde. Eher brächte er sie alle um. Mit Zagorski würde er anfangen. Jede käme an die Reihe, dessen Gesicht ihm nicht gefiel. Es lag allein an ihm..

„Stinkfisch", dachte er, verwundert, daß ihm diese Möglichkeit erst jetzt in den Sinn kam. Er könnte Stinkfisch mit Vögelchen spielen! Kurzentschlossen holte er eine Schere ud schnitt ihren Bademantel entzwei. Kev kniff in die rechte Brust. Sie war jung und fest. Er spürte eine Erektion. Er knetete an ihrer Brust herum, saugte abwechselnd an beiden und stöhnte laut auf. Zwischendurch ohrfeigte er Vögelchen, um sie heulen zu sehen.

Dann geriet ihm die Schere, die er aufs Bett gelegt hatte, erneut in den Blick und brachte ihn auf eine Idee. Er würde Vögelchen einen Haarschnitt verpassen. Die ganze Zeit über redete er – schnippschnapp –, daß er ihr sehr wehtun würde – schnippschnapp –, daß er sie sich nehmen würde und daß es vorbei war mit ihr.

Nachdem er sie geschoren hatte, kam ihm der Einfall, daß es lustig wäre, sie auch wie ein Schaf blöken zu lassen, aber er fürchtete, sie würde schreien, sobald er den Knebel entfernte. Ein paar Fransen standen wie Fähnchen auf ihrem Kopf. Kev fand, es wirkte wirklich sehr komisch.

„Hör auf zu plärren", schrie er sie an, „sonst schlag ich dir die Fresse ein!"

Er überlegte, was er als nächstes mit ihr anfangen sollte. Ärgerlicherweise hatte er keine Zigaretten dabei. Er schleppte sie zurück aufs Bett, griff erneut zur Schere und zerschnitt ihren Slip. Es waren Marienkäfer darauf.

„Scheiße, nicht mal richtige Unterwäsche hast du", erklärte er wütend. „So was wie das, ist was für Kinder."

Dann sagte er ernst: „Ich mach jetzt deine Beinfesseln los. Wenn du irgendeine Scheiße versuchst, knall' ich dich ab!"

Er zerschnitt die Paketschnur und rollte Vögelchen auf den Bauch. Er schob ein Kissen unter ihr Becken. Dann holte er seinen verklebten Penis hervor und drang in sie ein.

„Morgen kauf' ich dir Strümpfe mit Naht", flüsterte er. „Geile schwarze Strümpfe mit Naht!"

Auf Dauer war es gefährlich, Vögelchen im Versteck gefangen-zuhalten. In der Schule wunderte man sich bereits über ihr unerklärliches Fehlen. Außerdem stellte er fest, daß es anstrengend ist, eine Gefangene zu haben. Er mußte Vögelchen füttern und sie auf die Toilette begleiten. Er lebte in der ständigen Furcht, sie könnte sich während seiner Abwesenheit aus eigenen Kräften befreien. Nach fünf Tagen gab er Vögelchen das Aus.

Er hatte sie auf einem Stuhl festgebunden und glotzte sie an. Lange würde sie sowieso nicht mehr durchhalten, dachte Kev, „ich hab' sie zu hart rangenommen."

Sie trug die zerrissenen Strümpfe, die er seiner Mutter gestohlen hatte, und hochhackige Schuhe in Rot, zwei

Nummern zu groß. Kev hatte die Schuhe in einem Kaufhaus geklaut. Aus ihrer Vagina träufelte Blut.

Er holte aus einer Tüte eine Gummimaske hervor, wie man sie an Karneval trug. Er stülpte sie Vögelchen über den Kopf. Ein Clownsgesicht grinste ihn an. Kev drehte das Radio auf. Er war clever. Niemals würden sie ihn kriegen. Nie.

Er schoß ihr von hinten durch den Kopf, aber die Kugel trat nicht, wie er erwartet hatte, durch die Stirn wieder aus. Trotzdem war es ein häßlicher Anblick. Die Clownsmaske hatte es nur noch schlimmer gemacht.

In der Nacht schaffte er ihre Leiche in den Keller. Dort befand sich die Müllverbrennungsanlage des Blocks. Am nächsten Morgen überzeugte er sich, daß die Anlage in Betrieb war. Nichts als ein wenig Asche blieb von Vögelchen übrig. Was für ein gescheiter Junge er war!

Er schwänzte die Schule und lief hinauf ins Versteck. Ab morgen würde er die Wohnung nicht mehr betreten. Er wusch die Möbel mit einem feuchten Lappen ab, um seine Fingerabdrücke zu beseitigen. Er hatte einen Staubsauger organisiert und reinigte mit Sorgfalt den Teppich. Im Badezimmer spritzte er die Kacheln mit Hilfe der Handbrause ab. Die Wohnung war noch nie so sauber gewesen.

Als er mit allem fertig war, wußte Kev nicht, was er jetzt anfangen sollte. Sein ganzes Denken hatte sich seit Tagen auf Vögelchen konzentriert. Nun fühlte er eine Leere in sich. Was sollte er tun? Eine Zeitlang versuchte er sich vorzustellen, wie eine Zukunft aussehen würde.

Die Schranktür stand ein wenig offen. Aus gar keinem besonderen Anlaß kroch er hinein und schloß von innen die Tür. Es war angenehm dunkel und still. Er kam sich zuerst kindisch vor, doch bald stellte sich ein unbekanntes Wohlgefühl ein. Eine Art Frieden senkte sich auf ihn herab. Er würde diesen Schrank nie wieder verlassen, die Welt da draußen ging ihn nichts an.

Irgendwann, während er dasaß, die Arme um die Knie gelegt und alle Gedanken vergessend, schlief er ein.

Kev erwachte, weil er ganz deutlich Stimmen vernahm. Fremde waren in der Wohnung. Es waren mindestens drei Stimmen, die er unterscheiden konnte, und Schritte zu hören. Dann sprach gut vernehmlich eine vierte Person.

„Er muß sie hiergehabt haben, ich weiß es! Er hatte die Knarre genau hier versteckt!"

Kev erkannte die Stimme. Es war Horse, der Anführer der Lurkers, der sprach.

„Seht überall nach!" sagte er jetzt. „Irgendwo muß eine Spur von ihm zu finden sein. Und wenn wir ihn haben, dann gnade ihm Gott!"

Kev hörte, wie jemand auf den Schrank zuschritt und machte sich klein, ganz klein.

Nacht der Geburt

Tromso und seine junge Frau lebten zurückgezogen in einem alten Fachwerkhaus am Rande des Stadtwalds, das Tromsos Urgroßvater einstmals hatte dort erbauen lassen. Helga, die Tromso während seines Studiums kennenlernte, ängstigte bisweilen die das Haus umgebende Stille, das Fehlen des Verkehrslärms und der Menschen, fürchtete sich vor den dunklen, bis dicht an die Fenster herandrängenden Tannen und Fichten, vor ihren zuckenden Schatten in windigen Nächten, wenn ein unidentifizierbares Raunen und Heulen aus dem schwarzen Forst zum Haus herüberdrang. Immer noch hoffte sie, sich an die Einsiedelei, in der sie nun lebte, zu gewöhnen, ihren Frieden zu machen mit diesem Haus. Jetzt, da es Winter geworden war und der Wald wie erstarrt, vergrößerte sich ihre kindliche Furcht. Kalt und abweisend stand der Mond über dem Haus.

Am frühen Abend hatte Helga geglaubt, die Geburt ihres Kindes stünde bevor. Tromso hielt bereits die gepackte Tasche für den Klinikaufenthalt in der Hand, da ging das Ziehen des Leibes vorüber. Falscher Alarm. Sie aßen zu Abend, ruhig und vergnügt. Wieder einmal stritten sie lachend über den Namen des Kindes. Noch waren sie nicht einig geworden.

„Jasper", schlug Tromso hochvergnügt vor.

„Damit es Philosoph wird oder Saxophonist!? Denn nur die heißen so. Allen anderen nämlich ist der Name verboten", erwiderte sie. „Aber was hältst du von Arnold?"

„Ah, einen kleinen Wikinger möchtest du haben!“ lachte Tromso sie an. „Einen, der sich von rohem Fleisch ernährt und Bären erschlägt. Warum nicht gleich Siegfried oder Attila, hm?“

Nur mühsam hatten sie ein Ende gefunden, ein Name aber stand noch immer nicht fest. Tromso schaltete den Fernseher ein, um die Abendnachrichten zu sehen. Serbische Truppen nahmen Dubrovnic unter Beschuß.

Mitten im anschließenden Film zuckte Helga zusammen. Abermals hatte das Reißen im Körper begonnen.

„Glaubst du, diesmal sind es die Wehen?“

„Nein“, stöhnte sie. „Es ist ja noch gar kein Wasser dabei. Und in zehn Tagen soll erst es kommen.“

Mit der Hand fuhr Tromso seiner Frau über die Stirn. Er litt nicht minder als sie.

„Ich hol‘ dir etwas zu trinken“, sagte er im Gefühl der eigenen Hilflosigkeit. Unsicher lief er in die angrenzende Küche. Ob es nicht besser wäre, den Arzt anzurufen?

Das Reißen hörte nicht auf. Helga war unruhig geworden. „Wenn es doch endlich die Geburtswehen wären ...!“ flüsterte sie heiß unter Schmerz.

Zwanzig Minuten später, als ihr Zustand sich noch immer nicht gebessert hatte, verließ Tromso im Mantel das Haus. Er hatte Helga auf das Sofa gebettet, in das Schlafzimmer wollte sie nicht. Sie hörte den anspringenden Motor des Wagens, das leise Knirschen der Räder auf Kies. Tromso war auf dem Weg zur Apotheke, in einer halben Stunde wäre er wieder zurück.

****

Er hatte auf den Knopf der elektrischen Nachtglocke gedrückt, aber niemand erschien. An der Glastür stand es geschrieben: Mittwoch Notdienst. Weshalb also kam der Apotheker nicht her? Tromso erhoffte sich Auskunft von ihm, den Schmerz lindernde Tabletten vielleicht. Wenn er doch nur endlich herkommen wollte! Kalt war es; der eisige Wind schlüpfte in den Mantel hinein. Tromso knöpfte ihn zu.

Er hatte sein Mobiltelefon zu Hause auf dem Regal im Flur liegengelassen. In einer Telefonzelle des Ortes suchte er nun die Nummer des behandelnden Arztes heraus. Er schrieb sie auf ein Stückchen Papier, das er auf dem Boden der Telefonzelle fand. Im Portemonnaie suchte er nach seiner Telefonkarte – bis ihm auffiel, daß er keine besaß. Die Münzen, die er hatte, waren nicht zu gebrauchen.

Er war unschlüssig, was nun zu tun war. Sollte er heimkehren, um nach Helga zu sehen? Wenn das Reißen noch nicht aufgehört hatte, könnte er den Arzt von zu Hause anrufen. Oder Helga ins Krankenhaus fahren. Aber vielleicht fände er auch eine andere Notdienst-Apotheke. Möglicherweise ging es Helga auch besser, und sie saß putzmunter vor dem Fernsehgerät.

Einen Augenblick lang stand er wägend im Licht der Schaufensterwerbung; endlich ging er zum Wagen.

****

Helga fuhr in die Höhe und lauschte. Sie hatte ein beunruhigendes, ihr unbekanntes Knacken vernommen. War es ihr Mann, der von der Apotheke zurückkam? Doch dem Geräusch waren keine Schritte gefolgt, kein Motorenlärm verriet seine Rückkehr. Die junge Frau schlug die Decke beiseite und erhob sich vom Sofa. In der Küche machte sie Licht. Möglich, daß der summende Kühlschrank das knackende Geräusch hervorgebracht hatte. Sie öffnete ihn und holte eine Flasche Mineralwasser heraus. Seit einer Viertelstunde ging es ihr besser. Unvermittelt schloß sie die Augen, legte die Hände auf den geschwollenen Bauch. Was für eine eigenwillige Wölbung, ging es ihr durch den Sinn.

Das Kind in ihrem Körper war ruhig. „Wahrscheinlich schläft es“, sagte sie sich. „Das sollte ich auch tun. Wo er nur bleibt? Ich will doch wenigstens warten, bis er zurückkommt.“

Sie ließ das Küchenlicht brennen und ging in das Wohnzimmer zurück. Unterwegs knipste sie auch das Dielenlicht an. Müde glitt Helga aufs Sofa. Sie fror und rieb sich, schon unter der Decke, die Arme.

****

Als erstes bemerkte sie, daß das Licht nicht mehr brannte. Weder im Zimmer noch in der Küche. Auch die Diele war dunkel. Finsternis herrschte im Haus. Als nächstes spürte sie etwas Weiches an ihrer Wange. Es kitzelte sie, und sie griff mit der Hand nach der Stelle. Es waren Haare.

Unwillkürlich wanderte ihre Hand weiter zum Kopf. Ihr Zeigefinger rollte sich um eine Strähne – eine der vielen Automatismen, die sie sich erst in diesem Haus angewöhnt hatte –, und die Strähne löste sich von ihrem Kopf. Lose umschlang das Haar ihren Finger.

Erschrocken ließ sie es fallen. Wieder fuhr ihre Hand zu den Haaren hinauf, wieder löste sich eine Strähne. Jäh richtete sie sich auf dem Sofa auf, ihr Herz hatte zu rasen begonnen. Unbestimmt spürte sie die stickige Luft dieses Zimmers. Es war heiß, ihre Handflächen feucht.

„Ich verliere mein Haar", dachte sie. „Ich verliere mein Haar!"

In beiden Händen hielt sie die langen, lockigen Strähnen ihres rotblonden Haares. Schon glitt die Rechte abermals hinauf und entdeckte kahle, vereinzelte Stellen.

„Krank!" rief sie. „Ich bin krank!"

Sie machte zwei Schritte zum Lichtschalter hin und blieb stehen. Eine schreckliche Erkenntnis zwängte sich auf, um wie ein Schock auf ihre Sinne zu wirken. „Krebs! Oh Gott, laß es nicht sein! Lieber Gott, hilf mir. Ich will noch nicht sterben."

Ohne es zu bemerken, liefen Tränen ihre Wangen hinab. Sie drückte den Schalter, aber das Licht flammte nicht auf. Ein tierisches Heulen entkroch ihrem Mund.

Zitternd lief sie in die Diele, hämmerte auf den Lichtschalter ein, schlug mit der Faust, doch auch hier flammte die Glühbirne nicht auf. Sie wankte ins Bad. Da ihre Hand den Türgriff nicht sofort fand, warf sie sich mit der Schulter gegen die Tür. Die knallte nach innen, gegen die Wand. Der Lichtschalter – er mußte doch irgendwo sein!

„Geh an! Geh an! Geh an!" schrie sie mit heiserer Stimme, doch auch im Badezimmer gab es kein Licht.

Wieder holten ihre Hände, zwanghaft, eine lange Strähne herab. Ein heißes Fieber drängte sie, ein Krampf, der sie nötigte, sich das Haar vom Schädel zu zerren.

Strähne um Strähne glitt lautlos zu Boden. Als sie zu sich fand, tasteten die Hände über einen haarlosen Kopf.

****

Irgendwo auf der unbeleuchteten Landstraße war Tromsos Wagen in einer Kurve aus der Spur getragen worden. Der einsetzende Nachtfrost hatte die Fahrbahn vereist. Das Fahrzeug kam in einem Feldrain zu liegen. Tromso am Steuer rührte sich nicht.

Ein blauer Golf mit Jugendlichen fuhr achtlos vorüber. „Da hat's einen erwischt", sagte der Fahrer lakonisch.

„Besoffene Sau!" sagte einer von hinten.

*****

Das Geräusch eines Motorrades weckte den bewußtlosen Mann. Als er die Augen aufschlug, erkannte er das einsame Rücklicht, wie es kleiner werdend in der Dunkelheit verschwand.

„Scheiße", sagte er laut. Ein weißer Nebel entströmte seinem Mund. Wäre die Frontscheibe beim Rutsch in den Graben nicht geborsten, hätte sie sein Atem beschlagen.

Tromso spürte das getrocknete Blut auf seinem Gesicht. Glassplitter, winzigklein, steckten in seiner Haut. Als er eine Zigarette aus der Manteltasche zu fischen versuchte, hielt ihn der Schmerz in der Hand davon ab. „Ich muß nach Hause!" dachte er dumpf.

Weil der Wagen auf der linken Seite lag, stieg er durch die Beifahrertür ins Freie hinaus. Beim Nachziehen seines linken Beines verklemmte sich sein Fuß zwischen Sitz und

Handbremsengriff. Als er ihn freibekam, verlor er den Schuh. Er war zu benommen, um noch einmal in den Wagen zu klettern. Nach Hause, nach Hause, war sein einziger Wunsch. Fröstelnd setzte sich Tromso in Bewegung.

Er überquerte die Straße. Wenn er das Waldstück, das vor ihm aufragte, geraden Wegs hinter sich brachte, so rechnete er ungefähr aus, mußte er in Kürze die Stockumer Landstraße erreichen. Von dort aus wäre er nur noch eine halbe Stunde den Podegammer Hügel hinauf, auf dessen Kuppe sein Haus sich befand. „Eine Stunde", kalkulierte er vage, „vielleicht etwas länger, weil ich im Wald ohne Taschenlampe nur mühsam vorankommen werde."

Seine dunkle Silhouette verschwand zwischen den Baumstämmen jenseits der Straße. Er fror.

****

Ein Traum, nur ein Traum. Schreckhaft war sie erwacht; die Hände hatten zuerst die Kopfhaut befühlt. Nein, ihre Haare waren noch da, und auch das Licht brannte noch.

Ihr noch schlafverhangener Blick traf die Uhr an der Wand. Ging die Uhr richtig? Dann war er schon seit fast vollen vier Stunden aus dem Haus! Sie griff das Telefon, das auf dem Sofatisch lag, und wählte die Nummer der Zeitansage.

„Beim nächsten Ton ist es..."

Die Uhr ging zweifellos richtig. Aber warum war er dann noch nicht hier? „Ob ihm etwas zugestoßen ist?" war ihr nächster Gedanke. Doch sie hatte nicht die Zeit, ihn zuende zu denken. Ein plötzlicher, grausamer Schmerz warf sie vom Sofa. Kein Traum: Sie hustete Blut. Gleichzeitig hielt sie mit den verkrampften Händen den Ballonbauch umfaßt. Der wilde Schmerz schüttelte sie, rot glänzte das Blut auf ihrem Kleid. Vor Sorge um das Kind stockte ihr Atem. Sie bekam keine Luft und meinte, ersticken zu müssen. Wo war ihr Mann? Sie brauchte ihn jetzt. Wimmernd rief sie zweimal seinen Namen.

Auf Händen und Füßen kroch sie ins Bad. Eine unsichere, viel Kraft kostende Bewegung – die Lampe sprang an. Am Waschbecken zog sie sich hinauf und drehte den Wasserhahn auf. Trinken. Das Blut aus der Mundhöhle spülen. Jeder Schluck bereitete Schmerzen. In ihrem Bauch bewegte sich unruhig das Kind.

****

Tromso irrte durch den nachtdunklen Wald. Er spürte die Kälte an seinem unbekleideten Fuß, den Schmerz, wenn er mit den Zehen gegen eine Wurzel stieß, in einen Dorn trat, auf einen Zapfen. „Helga“, keuchte er. „Nach Hause. Helga!“

Er stolpert vorwärts, stößt mit dem Gesicht gegen Bäume, die er in der Schwärze nicht sieht. Sein Kopf brennt, es sticht und pocht in der Wunde.

Viel länger als eine Stunde taumelte er nun durch den Wald. Die Stockumer Landstraße war noch immer nicht erreicht. War es denn möglich, daß er hier so große zusammenhängende Waldstücke gab? Und nirgendwo ein Stück Feld oder Acker? Die Angst, eine böse Ahnung um seine Frau, trieb ihn voran.

„Wenn nur das Kind noch nicht kommt.“ Er wiederholte es wieder und wieder, wie eine Beschwörung. Er verspürte einen brennenden Durst.

Und es fiel ihm ein, daß sie noch immer keinen Namen für das Kind ausgewählt hatten. Im Geiste ging er einige durch. „Michael“, dachte er und setzte einen Fuß vor, „oder Dennis“ und machte noch einen Schritt. „Und wenn es ein Mädchen wird?“ Mit ausgestreckten Armen lief er und tastete sich weiter voran. „Wenn es nur noch nicht kommt, und ich bin nicht da! Anna. Aber Anna gibt es zu häufig. Greta!“

Er stürzte und blieb einen Augenblick liegen. „Helga“, sagte er schwach und stand auf.

****

Im Wohnzimmer tastete sie, noch immer von Krämpfen geschüttelt, nach dem Telefon. Nervös versuchte sie, die Nummer ihrer Eltern zu wählen. Immer wieder rutschte ihr Finger auf der Tastatur ab. Als endlich eine Verbindung hergestellt war, meldete sich nach langem Klingeln eine fremde, verschlafene Stimme. Wortlos legte sie auf. Eine Zeitlang lag sie flach auf dem Teppichboden und weinte. Bis der Husten wiederkehrte. Kleine schwarze Partikel schwammen im Blut.

„Ich sterbe, mein Gott!“ dachte sie, aber das Würgen ging weiter.

Ein törichter Ekel stellte sich ein, ein häßlicher Ekel gegen sich selbst.

Nachdem der Anfall vorüber war, schien ihr Denken plötzlich sehr klar. Abermals griff sie nach dem Telefon, diesmal ruhig und gefaßt. Ihre Finger tippten die Nummer.

„Hören Sie, ich spucke Blut und erwarte in zehn Tagen mein Baby. Aber vielleicht kommt es auch jetzt. Ich brauche einen Rettungswagen. Ich muß in die Klinik."

„Ist jemand bei Ihnen?"

„Nein, ich bin allein. Es geht mir sehr schlecht. Ich habe gerade einen Anfall gehabt."

****

Tromso sah Licht, das Licht einer Gartenlaterne. Dort vor ihm mußte ein Haus sein. Er beschleunigte seinen Schritt, dennoch kam er im unwegsamen Gelände nur schwierig voran. Die fressende Kälte hatte seine Glieder gefühllos gemacht. Er konnte seinen nackten Fuß nicht mehr spüren.

Als er nähergekommen war, sah er, daß ihm das Haus unbekannt war. Wo war er? Hätte er nicht längst auf der Stockumer Landstraße ankommen müssen?

„Hallo!" rief Tromso mit ihm fremd klingender Stimme, passierte das eiserne Gartentor und lief, ein zweites Mal rufend, die Auffahrt zur Haustür hinauf. Nachtfrost bedeckte den Boden. Kurz vor der Tür rutschte Tromso aus und wäre beinahe erneut zu Boden gestürzt. Als er nach der Türklingel schaute, sah er, daß die Haustür nur angelehnt war. „Hallo?" rief er ins Haus. Niemand antwortete ihm.

Er klingelte, um sich bemerkbar zu machen, trat ein und versuchte, seine Augen an das dunkle Dämmerlicht zu gewöhnen, in dem er undeutlich vereinzelte Möbelstücke erkannte.

„Ich muß dringend telefonieren!“ rief Tromso. Als ihn ein schwerer Schlag traf, der ihn in die Knie gehen ließ.

„Zieh ihm noch einen über!“ hörte Tromso eine Männerstimme hinter sich sagen, dann das Zischen eines Gegenstandes, der durch die Luft geschnellt wurde. Ein explodierender Schmerz, und er kippte zu Boden.

„Schau nach, ob er noch lebt“, sagte der Mann. „Ich geh‘ inzwischen nach oben.“

Der zweite Einbrecher kniete neben Tromso und lauschte auf Atemgeräusche. Blut war aus dem Hinterkopf, wo der Schlag ihn erwischt hatte, auf den Boden geflossen.

Die beiden Männer durchsuchten das obere Stockwerk, kamen herunter, löschten das Licht. Der größere von beiden lief zum Telefon, nahm es und warf es in das Aquarium, das nahe am Eingang des Wohnzimmers stand. Anschließend ging er zu Tromso, der noch immer ohne Bewußtsein in der Eingangshalle lag, und durchsuchte die Taschen. Als er das Portemonnaie gefunden hatte, nickte er kurz; dann gingen die beiden Männer hinaus.

Im Wagen sitzend, versuchten sie, den Motor zu starten, aber er röchelte nur.

„Scheiße!“ fluchte der Größere. „Ich hab‘ gleich gesagt, auf deine Karre ist kein Verlaß!“

„Und jetzt?“ fragte der andere.

„Na, was wohl? Laufen, du Blödmann!“

****

Helga lief gehetzt in der Küche auf und ab. Wo Tromso nur blieb? Sie schaute auf die große, gepackte Reisetasche, die ihre Kleider für die Klinik enthielt. „Ich muß ihm eine Nachricht schreiben, damit er weiß, wo ich bin.“ In der Schublade des Küchenschrankes suchte sie hektisch nach Stift und Papier.

Unten am Podegammer Hügel suchte der Fahrer des Krankenfahrzeugs zwischen den Fichtenstämmen die Zufahrt zum Haus. Etwas oberhalb, von Westen her kommend, bahnten sich zwei Männer ihren Weg durch den Forst.

„Ja und? Dann ist er eben tot. Ich kann es nicht ändern“, sagte soeben der Größere zu seinem Begleiter.

Helga legte die Nachricht auf den Küchentisch. Wenn doch endlich der Krankenwagen eintreffen wollte.

Sie steht auf, geht ins Wohnzimmer, setzt sich aufs Sofa.

****

Sie mußte kurz eingenickt sein. Sie erwachte, als sie einen Wagen herankommen hörte. War es ihr Mann oder der Notarzt? Sie erhob sich, um aus dem Fenster zu schauen. Ein Krankenwagen stoppte auf dem kiesbestreuten Weg vor dem Haus; sie atmete auf.

Helga öffnete den Sanitätern die Tür. Diese bestanden darauf, sie auf die Bahre zu legen. Während sie zum Fahrzeug getragen wurde, sah Helga zum Himmel hinauf, zur kalten Scheibe des Mondes. Sie wurde in den Wagen geschoben und sagte plötzlich: „Meine Tasche! Sie steht in der Küche!“

„Beruhigen Sie sich, ich gehe sie holen“, sagte der jüngere der beiden Sanitäter zu ihr.

Er wandte sich um und ging zurück in das Haus. In der Küche wurde er niedergeschlagen. „Und jetzt der andere“, sagte leise der Größere zu seinem Begleiter. Durch ein Fenster auf der anderen Seite waren sie ins Haus eingestiegen und hatten die Situation auf der Stelle erfaßt.

Der zweite Sanitäter hatte inzwischen die Heckklappe des Fahrzeugs geschlossen und sich in die Fahrerkabine gesetzt. Als sein Kollege nicht zurückkehrte, wurde er unruhig und hupte. Schließlich stieg er aus, um nach seinem Kollegen zu sehen.

Helga lag im Heck des Krankenwagens und starrte zur Decke. „Warum denn fahren sie nicht los?“ fragte sie sich.

****

Schwerfällig kehrte das Bewußtsein zu Tromso zurück. Die einzige Empfindung war ein alles durchpulsender Schmerz. Es dauerte lange, bis er die Kraft zum Aufstehen fand. Weil er kein Telefon finden konnte, verließ er das Haus.

****

Der Krankenwagen fuhr langsam den Podegammer Hügel hinab. „Wir hätten nachsehen sollen, wer hinten drin eigentlich liegt“, sagte der Kleinere.

„Wer wird da schon liegen? Irgendein Rentner mit Herzkaspar, der es sowieso nicht mehr lang macht.“

****

Wie blind folgte Tromso der Straße, die vom Haus hinab in den Ort führen mußte. Gehorsam folgten die Schritte seinem Instinkt.

In nicht allzu großer Entfernung stoppte ein Krankenfahrzeug am Rande der Straße. Zwei Männer stiegen aus und liefen zum Heck.

„Warum halten wir? Wo sind die Sanitäter?“ wurden sie von der Frau auf der Bahre gefragt.

„Verdammt, sie ist schwanger!“ sagte der kleinere der zwei Männer. „Wir haben eine Schwangere am Hals.“

„Wir müssen sehen, daß wir sie loswerden“ , sagte der andere. „Komm, pack mal mit an!“

„Was hast du vor?“ wollte der Kleinere wissen.

„Sie loswerden – hab‘ ich doch gerade gesagt.“

„Auf die Straße stellen? Bei den Temperaturen? Sie muß in die Klinik.“

„Wer sind Sie?“ fragte die Frau, dieses Mal mit Furcht in der Stimme.

„Halt die Fresse, du Schlampe!“ erwiderte der größere Mann.

****

Als Tromso, am Ende seiner Kräfte, die Stockumer Landstraße erreichte, wußte er nicht, wo er war. Sein Gehirn war unfähig, einen klaren Gedanken zu fassen. „Helga“, flüsterte er, aber das Sprechen tat weh.

Der Größere der beiden schaute auf seinen am Boden liegenden Begleiter, der sich nicht mehr bewegte. „Das hast du Arschloch jetzt davon, daß du nie tust, was man dir sagt“, fluchte er leise, griff die Arme des leblosen Körpers und zog ihn in den Straßengraben hinab, wo er ihn mit herumliegenden Zweigen bedeckte. Schwer atmend kehrte er zum Krankenfahrzeug zurück und begann, die Bahre mit der Schwangeren ins Freie zu ziehen.

„Was tun Sie?“ rief verängstigt die Frau. „Ich bekomme ein Baby! Ich muß in die Klinik! Sofort!“

Der Mann hielt inne, zog ihr den rechten Schuh vom Fuß, faßte sodann ihren Strumpf und zog auch diesen vom Fuß. Er stieg in den Wagen und steckte ihn der Frau in den Mund. Sie versuchte noch etwas zu sagen, aber es war nicht zu verstehen.

„Na also!“ sagte der Mann.

Er stieg aus dem Fahrzeug und zog nun endlich die Bahre ins Freie.

„Reg dich nicht auf“, wandte er sich an die Frau auf der Bahre. „Sobald ich in der Stadt bin, schick‘ ich dir jemand vorbei.“ Doch er wußte bereits, daß er es nicht tun würde.

Er stieg in den Wagen, startete und ließ sie am Rande der Straße zurück.

****

Tromso, der, von einem dunklen Willen getrieben, loszulaufen begonnen hatte, wankte, sich instinktiv an der Fahrbahnmarkierung in der Straßenmitte orientierend, Meter um Meter voran. In der Ferne sah er die Strahlen eines Scheinwerferpaars leuchten. „Stoppen!“ dachte

Tromso. „Ich muß versuchen, den Wagen zu stoppen.“ Er hob mühsam die Arme und winkte. Der Wagen näherte sich.

Der Fahrer des Krankenwagens, der sich allein in dem Fahrzeug befand, erkannte im Lichtschein der Autoscheinwerfer einen mit den Armen rudernden, offensichtlich betrunkenen Mann, der sich in der Mitte der Fahrbahn befand. Er hupte, doch der Betrunkene ging nicht auf die Seite. Als er versuchte, dem wankenden Körper auszuweichen, indem er, viel zu spät, das Lenkrad herumriß, erkannte er den Torkelnden plötzlich, dessen Gesicht gegen die Frontscheibe schlug. Der Mann am Steuer des Wagens verlor die Kontrolle, für eine Sekunde oder länger fehlte ihm jegliche Sicht. Auf der eisglatten Fahrbahn geriet das Auto ins Schleudern, brach aus und wurde vom Stamm einer Fichte zum Halten gebracht.

„Ich will noch nicht sterben“, flüsterte eine weibliche Stimme einige hundert Meter entfernt flehend hinaus in die eiskalte Nacht. Als zwei Stunden später ihr Atem aussetzte und ihr Herz nicht mehr schlug, hielten ihre Arme noch immer den schreienden Säugling umfaßt.

****

Ein grauer Volkswagen, Baujahr 1978, stoppte auf der Straße. Ungläubig stierte der Fahrer, ein junger Student der Kommunikationswissenschaften, zum Seitenfenster hinaus auf die sich ihm darbietende Szene. Er würgte, öffnete die Fahrertür und schwang sich hinaus. Vorsichtig näherte er sich der weiblichen Person, in deren Armen ein Neugeborenes schrie.

„O Gott! O Gott, o Gott, o Gott!“ murmelte der junge Student. „Was mach‘ ich denn jetzt? Was soll ich denn jetzt tun?“

Zwar war der junge Mann Besitzer eines Mobiltelefons, hatte es aber nach dem Besuch bei seiner Freundin, mit der er sich gestritten hatte, in deren Wohnung vergessen.

Er stand nun neben der Frau, die offensichtlich nicht mehr atmete, und streckte vorsichtig die Hände aus, um den Säugling an sich zu nehmen. Das frischgeborene Kind an sich drückend, um es vor der eisigen Kälte zu schützen, lief er zum Wagen zurück. Dort legte er das winzige Mündel vorsichtig auf den Beifahrersitz und bedeckte es mit seiner Jacke.

****

Als Tromso die blutverkrusteten Lider aufschlug, hielt er es für unwahrscheinlich, noch am Leben zu sein. Auf der Straße fuhr ein grauer Volkswagen eilig an ihm vorbei und beachtete ihn nicht. Unter großer Anstrengung gelang es Tromso, sich auf die Seite zu drehen und blickte nun unverwandt in das Gesicht des Mannes, der ihn überfahren hatte. Er erkannte es nicht. Daß der Mann leblos wirkte, war Tromso seltsamerweise egal. „Helga“, dachte er nur. Schwer pochte der Schmerz in seinem Kopf. Dann spuckte er klümpenweise Blut. Fetzen einer Melodie von Johnny Cash gerieten ihm in den Sinn, blindlings zutage gefördert von seinem malträtierten Gehirn. Als der Mann neben ihm urplötzlich die Augen öffnete, Tromsos Hals mit den Händen umspannte und ihn im Straßengraben zu würgen begann.

****

Der junge Student am Steuer des VW wünschte sich, er hätte nach dem Streit mit seiner Freundin keine Kneipe aufgesucht, um sich zu betrinken. Angestrengt blickte er nach vorn, bemüht darum, sein Fahrzeug in der Spur zu halten. Vor sechs Monaten war ihm, ebenfalls wegen Trunkenheit am Steuer, der Führerschein entzogen worden. Er war nicht befugt, den altersschwachen Wagen zu fahren. Gerade warf er einen Blick zu dem Neugeborenen hinüber, als ein Reh die Straße zu queren versuchte, daß zu dieser frühen Morgenstunde auf dem Weg zur Äsung sein mochte. Der Student erblickte es im letzten Moment und stieg hart auf die Bremse; der Wagen trudelte, und der Säugling rutschte vom Sitz, flog gegen das Handschuhfach und fiel sodann schreiend in den Fußraum hinab.

„Scheiße, Scheiße, Scheiße!“ murmelte der Student und verfluchte das davonsprengende Wild.

****

Stöhnend und außer Atem richtete Tromso sich auf. Beinahe hätte ihm der andere das Leben genommen. Als es Tromso bereits schwarz geworden war vor Augen, hatten dessen Kräfte jedoch nachgelassen. Tromso hörte ein heiseres Luftholen, dann war sein Gegenüber verschieden. Blutend, wirres Zeug von sich gebend, kroch Tromso aus dem Graben zur Straße hinauf. Viele Minuten später sollte es ihm gelingen, sich endlich aufzurichten und einen schwankenden Blick in die Runde zu werfen. Ein gefrorener Tannenzapfen löste sich aus dem Gezweig, das wie ein Gitterwerk die Straße überdachte, fiel in die Tiefe und traf Tromso am Kopf. Sofort stürzte er wieder zu Boden. Der Schrecken hatte den Entkräfteten von den Füßen gehauen.

****

Als das Ehepaar heimkehrte, bemerkte es sogleich die offenstehende Haustür. Als sie eintraten, gab es keinen Zweifel mehr: Einbrecher hatten sich gewaltsam Eintritt verschafft und viel Verwüstung hinterlassen. Der Mann wandte sich einem kleinen Beistelltisch zu, auf dem er das Telefon wußte, fand diesen aber leer. Er entdeckte es auf dem Grunde des Aquariums. Seine Frau reichte ihm daraufhin das in ihrer Handtasche verwahrte Mobiltelefon, und die Polizei wurde verständigt.

****

Der graue VW näherte sich der Kreuzung, wo die Landstraße auf die nach Witten führende Umgebungsstraße mündete. Als der Fahrer am Horizont den Polizeiwagen sah und aufs tiefste erschrak.

„Wenn sie mich nun stoppen", dachte er dumpf, „was soll ich den Beamten dann sagen? Betrunken, ohne Führerschein und ein halb erfrorenes Baby im Wagen!?"

Er wendete und fuhr in die entgegengesetzte Richtung zurück. Als er in den Rückspiegel sah, bemerkte er, daß der Polizeiwagen in die Landstraße einbog, um ihm zu folgen. Der junge Mann trat aufs Gas.

Vier Minuten später – soeben beugte sich die alte Straße in einer Kurve um das Waldstück zur Linken – erblickte der Student einen taumelnden Mann. Gleich darauf war der VW an ihm vorüber, hatte ihn jedoch mit dem Kotflügel unglücklich berührt. Im Rückspiegel sah der Student den Angefahrenen in den Straßengraben stürzen.

„Scheiße!" fluchte der junge Student. Neben ihm auf dem Beifahrersitz schrie noch immer das Baby.

„Ach, halt die Fresse!" sagte er wild.

Ein abermaliger Blick in den Rückspiegel zeigte ihm, daß der Streifenwagen in einen Seitenweg bog. Er atmete auf.

****

Verschlafen, mit unfreundlicher Miene, öffnete seine Freundin die Tür.

„Du?" fragte sie böse. „Was willst du noch hier?"

Stumm wies er auf das friedlich schlafende Kind in seinem Arm.

Auf einer grünen, grünen Wiese in einem rosa, rosa Haus

Auf einer grünen, grünen Wiese in einem rosa, rosa Haus, da lebte ein Wobbel. Was ein Wobbel ist, willst du wissen? Nun, ein Wobbel sieht sehr merkwürdig aus. Er hat zum Beispiel drei Augen: an der linken Kopfseite, wo bei Menschen das linke Ohr ist, eins, an der rechten Kopfseite, wo bei Menschen das rechte Ohr ist, eins und über der Stelle, wo sich bei Menschen die Nase befindet, ein drittes. Dort aber, wo eigentlich die Nase hätte sein sollen, hatte der Wobbel ein Ohr, das übrigens sein einziges war, und von der Stirn fiel ein dicker, komisch wirkender Rüssel herab.

Auch Arme hatte der Wobbel etwa nicht zwei, sondern drei an der Zahl. Einen links am Körper, einen rechts am Körper, und der dritte wuchs ihm geradewegs aus der Mitte der Brust.

Oh, es war sehr sehr schön, drei Arme zu haben. Der Wobbel konnte beim Essen die Gabel in der einen Hand halten, das Messer in der anderen, und mit der dritten Hand konnte er gleichzeitig in der Nase bohren, während er aß. Aber natürlich macht man das beim Essen nicht, weil es sich nicht gehört, und der Wobbel hatte ja auch gar keine Nase, sondern einen Rüssel. Den aber legte er während des Essens nach hinten über den Kopf, damit er nicht im Wege war. Der Rüssel war beim Essen nicht sonderlich praktisch, aber mit seinen drei Armen konnte der Wobbel wunderbar jonglieren.

Der Wobbel hatte nicht nur drei Arme, sondern auch drei Beine, und das war nun weniger praktisch. Wenn er Fahrrad fuhr – und das tat der Wobbel sehr gern – wußte er nicht, wohin mit dem mittleren Bein. Links trat er eine Pedale, rechts trat er eine Pedale, nur das Bein in der Mitte war dabei nicht zu gebrauchen.

Auch wenn der Wobbel Schuhe kaufen ging, war es unpraktisch, drei Beine zu haben. Die Verkäufer staunten nicht schlecht, wenn der Wobbel ihr Schuhgeschäft betrat und sagte: „Guten Tag! Bitte, ich hätte gern anderthalb Paar halbhohe Schuhe."

„Anderthalb Paar?" fragten die Verkäufer dann immer verdutzt.

„Genau", antwortete der Wobbel jedesmal. „Einen linken, einen rechten und einen mittleren Schuh."

Aber natürlich wurden in den Schuhgeschäften immer nur linke und rechte und nie mittlere Schuhe verkauft. Wenn der mittlere Fuß also nicht nackt bleiben sollte, war der Wobbel gezwungen, zwei Paar Schuhe zu kaufen.

Weil zwei Paar Schuhe aber aus vier Schuhen bestehen, und er immer nur drei Schuhe für seine drei Füße brauchte, blieb stets ein Schuh übrig. Diesen bewahrte der Wobbel in seinem Übriggebliebener-Schuh-Zimmer auf. Im Laufe der Jahre hatte sich dieses Zimmer bis zur Decke mit einzelnen, übriggebliebenen Schuhen gefüllt.

Von den Schwierigkeiten beim Schuhekaufen einmal abgesehen, hätte der Wobbel in seinem rosa, rosa Haus auf der grünen, grünen Wiese sehr glücklich sein können.

Hätte. Oft schaute er nämlich zum Fenster auf die grüne, grüne Wiese hinaus und sah den Kindern zu, wie sie miteinander spielten. Der Wobbel aber hatte niemanden, der mit ihm spielte. Er war ganz allein, und das machte ihn traurig.

Einmal nahm er seinen ganzen Mut zusammen, trat vor sein rosa, rosa Haus und auf die grüne, grüne Wiese hinaus, wo die Kinder gerade mit einem wunderschönen, sehr großen, roten Ball spielten.

„Hallo“, sagte der Wobbel leise. „Darf ich mitspielen?“

„Du? Mitspielen?“ rief da ein großer, blonder Junge, dessen Name Uwe war. „Wie willst du denn mitspielen? Du bist doch ein Wobbel. Und du hast drei Beine, wir aber nur zwei. Wenn du mitspielen würdest, wärest du also im Vorteil. Das geht nicht!“

„Wieso ... wieso geht das nicht?“ fragte der Wobbel.

„Weil das eben nicht geht. Basta!“ antwortete Uwe. Dann fing er geschickt den Ball auf und spielte mit den anderen Kindern weiter.

Da wurde der Wobbel sehr traurig, so traurig, wie noch niemals zuvor. Und so traurig, wie noch nie jemand zuvor auch nur annähernd ebenso sehr gewesen war, lief er über die grüne, grüne Wiese zurück in sein rosa, rosa Haus und weinte lange, lange Zeit still vor sich hin.

Schließlich wischte er sich die Tränen aus seinen drei Augen, schneuzte sich den Rüssel und sagte: „Wenn das so ist und niemand mich mitspielen läßt, dann will ich nicht mehr leben. Nichts ist schlimmer, als immerzu allein zu sein!“

Er nahm seine Jacke mit den drei Ärmeln vom Haken an der Wand, zog sie an und fuhr mit der U-Bahn in die Stadt. Er hatte beschlossen, sich vom Dach des höchsten Hauses, das er finden konnte, herunterzustürzen, und wollte auf diese Art sterben.

Lange lief der Wobbel in der Stadt herum, um das höchste Haus zu finden. Immer, wenn er glaubte, das höchste Haus gefunden haben, dachte er, daß vielleicht in der nächsten oder in der übernächsten Straße ein noch höheres Haus stehen könnte. Dann schließlich – es war schon fast gegen Abend – hatte er endlich das höchste Haus der Stadt entdeckt. Nirgends gab es ein höheres Haus, das wußte er nun, denn er war durch jede Straße gelaufen.

Wie er nun so an diesem Haus entlang nach oben guckte, reichte es fast bis an die Wolken hinauf. Es war wirklich ein sehr, sehr hohes Haus – ein Wolkenkratzer. Der Wobbel holte einmal tief Luft und ging hinein. Er war fest entschlossen zu sterben und sich zu diesem Zweck vom Dach herunter in die Tiefe zu stürzen. Doch zunächst mußte er die Treppen hinauf. Das war gar nicht so einfach. Es waren so viele Treppenstufen, die er hinauflaufen mußte, daß er Herzklopfen bekam und schwer zu schnaufen begann.

„Puh, ist das anstrengend!“ seufzte der Wobbel. „Ich habe gedacht, sterben sei leichter. Wirklich, ich hätte mir etwas zu essen mitnehmen sollen. Seit Stunden steige ich die Treppen hinauf und bin fürchterlich hungrig geworden.“

Endlich aber gelangte der Wobbel aufs Dach. Von dort oben konnte er die ganze Stadt überblicken, und weit, weit hinten in der Ferne sah er die grüne, grüne Wiese mit seinem rosa, rosa Haus.

„Ich werde einfach die Augen zumachen, bis zur Dachkante gehen und hinunterspringen“, dachte der Wobbel soeben, als er etwas bemerkte. An der Dachkante stand bereits jemand und starrte ernst und traurig in die Tiefe hinab.

„He, du!“ rief der Wobbel. „Tritt einmal beiseite. Du stehst mir im Weg.“

Da drehte sich das Wesen, das an der Dachkante stand, herum, und der Wobbel staunte nicht schlecht.

„He, du siehst ja genauso aus wie ich!“ rief er aus.

„Oh nein, *du* siehst aus wie ich!“ sagte das Wesen und zeigte mit seinen drei Armen zum Wobbel herüber.

Lange Zeit starrten sich die beiden nur an. Keiner von beiden sprach ein einziges Wort, so verblüfft waren sie. Aber kein Zweifel, beide hatten sie drei Arme, drei Beine, drei Augen und einen Rüssel, und beide waren sie Wobbel.

„Was tust du da an der Dachkante?“ fragte der Wobbel von der grünen, grünen Wiese aus dem rosa, rosa Haus.

„Ich will vom Dach hinunter in die Tiefe springen, ich möchte sterben“ antwortete der andere Wobbel leise. „Ich bin nämlich immer allein und habe niemanden, der mit mir spielt. – Und du? Was machst du hier auf dem Dach?“

„Ich?“ fragte der Wobbel von der grünen, grünen Wiese. „Ich will genau dasselbe tun. Ich will vom Dach hinunter in die Tiefe springen, weil ich immer allein bin und niemanden habe, der mit mir spielt.“

Da mußte der andere Wobbel ganz plötzlich fürchterlich lachen. Und auch der Wobbel von der grünen, grünen Wiese fing laut zu lachen an und konnte gar nicht mehr aufhören.

„Schau!“ sagte er und zeigte über die Stadt in die Richtung, in der die grüne, grüne Wiese lag. „Siehst du die große, grüne, grüne Wiese dort hinten? Die mit dem rosa, rosa Haus? Darin wohne ich. Wenn du Lust hast, komm mit. Es ist genug Platz für uns beide im Haus.“

Die zwei Wobbel machten sich daran, die vielen, vielen Treppenstufen wieder hinunterzugehen. Sterben wollte keiner mehr von ihnen. Glücklich fuhren sie mit der U-Bahn zur grünen, grünen Wiese am Stadtrand hinaus. Dort waren die beiden Wobbel sehr glücklich. Besonders schön war es, wenn sie Schuhe kaufen gingen. Im Schuhgeschäft sagten sie zum Verkäufer: „Bitte sehr, wir möchten gerne drei Paar halbhohe Schuhe!“

Drei Paar Schuhe – das macht insgesamt sechs Schuhe, wie du sicherlich weißt. Jeder Wobbel bekam also drei, und das waren genausoviel, wie er für seine drei Füße brauchte. Nie wieder blieb ein einzelner Schuh übrig. Im Übriggebliebener-Schuh-Zimmer, das leergeräumt worden war, wohnte nun der andere Wobbel.

Jeden Tag traten die zwei Wobbel vor das rosa, rosa Haus, und jeden Tag fragte einer von ihnen: „Was spielen wir heute? Wollen wir Verstecken spielen oder lieber Ball? Oder sollen wir Sackhüpfen spielen?“

Es dauerte nicht lange, da fielen die zwei Wobbel, die so herrlich miteinander spielten, auch den Kindern auf der grünen, grünen Wiese auf. Uwe, der große, blonde Junge, nahm schließlich seinen ganzen Mut zusammen, ging zu den Wobbeln, die gerade mit ihrem wunderschönen Lederball aus Tapirleder spielten, und fragte: „Dürfen wir mitspielen?“

Die Wobbel sahen sich kurz an, dann lächelten sie und riefen beide: „Ja, dürft ihr!“

Es wurde ein wirklich aufregender Nachmittag. Die Kinder und die Wobbel hatten beschlossen, Fußball zu spielen. Die Wobbel mit ihren drei Armen eigneten sich hervorragend zum Torwart. Es war gar nicht so leicht, den Tapirlederball an ihnen vorbei ins Tor zu schießen. Aber manchmal tat ein Wobbel so, als könnte er einen geschossenen Ball nicht mehr fangen und ließ ihn ins Tor rollen. Beim Spielen ist es nämlich gar nicht so wichtig, wer gewinnt, sondern daß man Spaß dabei hat, und Spaß hatten die beiden Wobbel und die Kinder jede Menge an diesem Tag. Am Ende blieb sogar noch etwas Spaß für jemand anderen übrig, und das kam so.

Sie waren mitten im Spiel, und Uwe kam soeben mit dem Ball auf ein Tor zugerannt, als sie eine Stimme vom Rand des Spielfelds vernahmen.

„Darf ich... darf ich mitspielen?“ fragte die Stimme.

Die Kinder und die Wobbel, alle starrten sie zum Spielfeldrand. Dort stand ein höchst sonderbares kleines Wesen und blickte schüchtern zu ihnen herüber. Uwe, der große, blonde Junge, ging darauf zu und sagte: „Du? Wie willst du denn mitspielen? Du bist doch ein... ein... was bist du überhaupt?"

„Ich bin ein Gol", sagte das kleine Wesen und verschränkte seine Tentakeln schüchtern hinter dem Rücken.

„Eben", sagte Uwe. „Wir haben keine Verwendung für einen Gol. Wir sind schon komplett. Am besten, du gehst wieder nach Hause und läßt dich hier nie wieder sehen!"

„Ähem, ähem!" ließen sich da die beiden Wobbel vernehmen. Uwe drehte sich zu ihnen um. Die beiden Wobbel blickten ihn an, nickten sehr ernst, und Uwe verstand.

„Also meinetwegen", sagte er schließlich. „Du kannst mitspielen, Gol. Wir könnten noch einen Schiedsrichter gebrauchen, und du scheinst mir dafür geeignet zu sein."

„Oh ja, das bin ich", sagte der Gol. „Ich sehe alles, mir entgeht wirklich nichts." Und dann lächelte er, und seine neunundneunzig Augen wurden vor Freude, mitspielen zu dürfen, ganz feucht.

Bitte beachten Sie auch die folgende Seite!

Laabs Kowalski in der Edition Königsblut:

So kriegt man alle Frauen rum
(Comics & Satire) Schnittiger Humor, gepaart mit einer fulminanten Schreibe. Ein göttliches Buch, in dem es um alles mögliche geht, aber nur selten um Frauen.
(ISBN 3-8311-2602-X)

Das Herz ist ein Cowboy auf einem epileptischen Pferd
(Prosa-Gedichte) Längst ein Klassiker und Dauerseller geworden. Kowalski in Bestform. Muß man nicht haben – aber man muß ja auch nicht atmen, wenn man nicht will.
(ISBN 3-8311-1555-9)

Jesus, John Lennon, all die anderen Verlierer & ich
(Prosa-Gedichte) Zweiter Teil der großen Weltinventur, wie sie mit dem „Epileptischen Pferd" begonnen worden ist. Geschmeidige Texte für den sofortigen Verzehr, voller Ironie, Humor und gesundem Sarkasmus.
(ISBN 3-8311-2141-9)

Ich, Jesus, Scharlatan
(Roman) Wo verläuft die Grenze zwischen Religion und ihrer Scharlatanerie? Mit diesem Buch hat Kowalski einem Meisterwerk das Leben geschenkt. Das Leben Jesu aus völlig neuer Perspektive!
(ISBN 3-8311-2142-7)